내 귀에 들린 대로 행하리라

| 황윤정 지음 |

쿰란출판사

내 귀에 들린 대로 행하리라

글을 시작하며

"말 한마디에 천 냥 빚을 갚는다"라는 한국 속담은 그만큼 말의 소중함을 일깨워주는 것이라 할 수 있다. 하지만 그럼에도 불구하고 그것을 속담으로만 여기고 우리의 일상생활에 적용시키지 못할 때가 많은 것 같다. 마찬가지로 우리의 신앙생활에 있어서도 말의 중요성을 잊어버린 채 말을 함부로 하고 나서 후회하는 경우가 허다하다.

생활 속에서는 아무렇게나 말을 하다가 기도와 예배를 드릴 때에만 정제되고 절제된 언어를 사용한다면 '하나님이 과연 우리의 기도를 들어주시고 예배를 받아주실까?' 그런 의문이 들지 않을 수 없다. 그래서 이 책에서 몇 가지 주제를 중심으로 성도들의 언어생활에 대해 영성적으로 풀어보고자 했다.

목차

글을 시작하며_ 5

1. 내 귀에 들린 대로 행하리라(1)

삶을 만들어가는 말 • **12**
가나안 땅 정탐사건 • **16**
불신앙의 늪에 빠진 이스라엘 • **19**
내 귀에 들린 대로 행하리라 • **21**
고래도 춤추게 하는 칭찬과 격려 • **26**
얼마든지 이겨낼 수 있다 • **29**

2. 내 귀에 들린 대로 행하리라(2)

말은 인격의 결과 • **32**
200명만 남아도 된다 • **36**
수년 내에 부흥케 하소서 • **38**
믿음으로 현실을 딛고 일어선다 • **41**
죽음의 문턱에서 드린 히스기야의 기도 • **47**
부정적인 말을 했던 회개기도 • **51**

3. 장차 게바라 하리라

환경을 불러들이는 자아상 • **54**
반석과는 어울리지 않았던 베드로 • **56**

　　장차 게바라 하리라 • **59**
　　죄도 나를 무너뜨릴 수 없다 • **63**
　　낮은 자존감에 사로잡혔던 회개기도 • **65**

4. 사탄이 배후인, 비방(1)

　　비방이란 • **68**
　　하나님의 의가 된 나 • **70**
　　내 안에 계신 성령님 • **72**
　　예수님으로 사는 삶 • **75**
　　욥의 아내 • **79**
　　여우가 올라가도 무너지리라 • **83**

5. 사탄이 배후인, 비방(2)

　　허물을 돌리지 않기를 원하노라 • **88**
　　철 연장 소리가 들리지 아니하였으며 • **94**
　　비방 앞에서 잠잠했던 모세 • **96**
　　창을 던지지 않았던 다윗 • **98**
　　서로 사랑하라 • **100**
　　내가 너를 얼마나 사랑하는데 • **102**
　　비방을 했던 것에 대한 회개기도 • **105**

6. 십자가 죽음에 내려놓아야 할, 티와 들보

티와 들보란 · **108**
자아란 · **112**
하나님의 의도 · **113**
죄 없는 자가 돌로 치라 · **115**
사랑은 예수님 · **118**
죽음에 내려놓는 것이 사는 길 · **121**
사람을 보는 눈이 거듭나야 한다 · **123**
티와 들보에 대한 회개기도 · **126**

7. 축복의 걸림돌, 원망

원망이란 · **128**
죽고 사는 것이 달린 혀 · **129**
이스라엘 백성들의 원망 · **132**
사도 바울의 고백 · **135**
현실을 축복의 기회로 여기라 · **137**
남 탓 의식을 버리라 · **140**
내 신발 속에 불청객으로 들어온 모래알갱이 · **142**
원망의 백신은 기도 · **145**
원망의 천적은 감사 · **149**
원망했던 것에 대한 회개기도 · **153**

8. 영적 성숙의 적, 미움

미움과 분노란 • **156**
미움이 일어나는 이유 • **158**
마음에 예수를 팔려는 생각을 넣었더니 • **161**
형제를 미워하는 자마다 살인하는 자 • **164**
용서로 치유되는 미움 • **166**
야곱과 에서의 용서 • **168**
피해의식을 드러내지 말라 • **173**
미워했던 것에 대한 회개기도 • **175**

9. 벗어나야 할 올무, 헛소문

헛소문이란 • **178**
헛소문의 파괴력 • **179**
좋은 소문을 내기 • **183**
헛소문의 근원지가 된 제단 • **185**
이렇게 말을 하더라 • **188**
소문을 공론화시키지 말라 • **190**
헛소문의 전달자를 가까이하지 말라 • **193**
헛소문에 대한 회개기도 • **196**

1.

내 귀에 들린 대로
행하리라(1)

삶을 만들어가는 말

우리는 평생 말을 하며 살아갑니다. 그러기에 말과 떨어질 수 없는 관계에 놓여 있습니다. 하지만 말을 어떻게 하느냐에 따라 우리의 앞날은 전혀 다르게 전개될 수 있습니다. 왜냐하면 거미가 거미줄로 집을 짓듯이 내가 뱉은 말이 내 삶을 만들어가기 때문입니다.

"우리가 다 실수가 많으니 만일 말에 실수가 없는 자라면 곧 온전한 사람이라 능히 온 몸도 굴레 씌우리라"(약 3:2).

모 교회에서 사역하고 있었을 때 몸이 아픈 여자 집사님 댁에 심방을 간 적이 있었습니다. 이 집사님이 결혼을 하고 나서 보니 시댁 식구들 모두가 하나님을 믿지 않고 있었습니다. 시집살이는 고통의 나날이었습니다. 예수님을 믿는다는 이유로 시댁 식구들로부터 심한 핍박을 받아야 했을 뿐만 아니라, 시부모님으로부터도 신앙을 버리라는 협박과 위협을 수도 없이 받아야만 했었습니다. 처음에는 신앙으로 견뎌냈지만 점차적으로 흔들리기 시작했습니다. 그러다가 의지가 약해지면서 "아이고! 이러다가 내가 빨리 죽을 것 같네! 너무 힘들다! 차라리 죽는 편이 낫겠다. 내가 빨리 죽어야지" 그렇게 말하기 시작했습니다. 그러다 보니 몸 여기저기 아픈 곳이 생겨나기 시작했고 체중이 빠지더니 급기야는 걸어 다니는 종합병원이 되어 버렸습니다. 심방을 갔을 때 집사님은 40대 후반이었지만 이미 병세가 깊어 70대처럼 보였습니다.

제가 집사님에게 "집사님! 왜 죽겠다고 하십니까? 살겠다고 고백하시고 하나님을 믿는 믿음 가운데 굳게 서셔야죠! 집사님은 얼마든지 다시 건강을 회복할 수 있습니다." 그렇게 신신당부를 하면 "예! 그래야지요!" 대답하셨지만 돌아서서는 "아이고! 죽겠네! 죽겠네!" 하시는 것이 아니겠습니까? 결국 그 집사님은 심방을 마치고 온 그해 가을에 돌아가시고야 말았습니다. 장례를 치르면서 '말이라는 것이 이렇게 무서운 것이구나! 집사님이 말을 하신 그대로 되었지 않은가! 늘 긍정적이고, 소망적인 말을 하며 살아야 되겠구나!' 그런 다짐을 하게 되었습니다.

"내가 하고 있는 말이 내가 건너가야 할 다리라 생각하고 말하

라. 견고한 다리가 아니면 건너갈 수 없다."(탈무드)

내가 하는 말에 책임지는 자세로 말을 하라는 뜻이 아니겠습니까? 부정적이고, 비관적이고 비판적인 말은 마치 부실공사로 짓는 다리와 같아서 언젠가는 내 삶을 송두리째 무너뜨리게 됩니다.

말은 생각을 낳습니다. 생각한 것이 말로 나갑니다. 생각은 행동을 낳습니다. 행동은 습관을 낳습니다. 습관은 제2의 천성을 낳고 삶을 엮어 나갑니다. 내가 습관을 만들어 가지만 나중에는 그 습관이 나를 만들어 갑니다. 성품은 하루아침에 형성되지 않습니다. 성품은 습관의 복합체이기 때문입니다. 좋은 습관들이 쌓여 좋은 성품을 만들고, 삶을 바뀌게 합니다. 따라서 말을 어떻게 하느냐가 너무나 중요합니다.

> "이와 같이 좋은 나무마다 아름다운 열매를 맺고 못된 나무가 나쁜 열매를 맺나니 좋은 나무가 나쁜 열매를 맺을 수 없고 못된 나무가 아름다운 열매를 맺을 수 없느니라"(마 7:17-18).

그러기에 말과 삶은 결코 무관하지 않습니다. 우리들은 부정적이고 불신앙적인 말을 하지 않도록 노력해야 합니다. 내가 뱉은 말 그대로 이루어진다면 끔찍한 일이 될 것이기 때문입니다.

그런 경우가 성경에 많이 나오지만 그중에서도 우리가 잘 알고 있는 내용 가운데 하나가 민수기 13장부터 14장에 걸쳐서 나오는 가나안 땅 정탐사건입니다.

가나안 땅 정탐사건

　이스라엘 백성들은 430년간 애굽에서 노예생활을 하다가 하나님의 은혜로 드디어 해방을 맞아 홍해를 건넜습니다. 그리고 하나님께서 아브라함 때부터 주시겠다고 약속하신 땅, 가나안을 향해 나아갔고 가데스 바네아에 이르게 되었습니다. 이스라엘 백성들은 각 지파에서 한 사람씩 12명을 뽑아 먼저 가나안 땅을 정탐하도록 했습니다. 사명을 띠고 가나안 땅에 들어갔던 그들이 40일간의 정탐기간을 마치고 돌아와 이스라엘 백성들 앞에서 보고를 했는데 내용이 이러했습니다.

　"우리는 능히 올라가서 그 백성을 치지 못하리라 그들은 우리보다 강하니라 하고 이스라엘 자손 앞에서 그 정탐한 땅을 악평하여 이르되 우리가 두루 다니며 정탐한 땅은 그 거주민을 삼키는 땅이요 거기서 본 모든 백성은 신장이 장대한 자들이며 거기서 네피림 후손인 아낙 자손의 거인들을 보았나니 우리는 스스로 보기에도 메뚜기 같으니 그들이 보기에도 그와 같았을 것이니라"(민 13:31-33).

10명의 정탐꾼은 자신들 스스로를 메뚜기로 비하시켰고, 그 땅을 정복한다는 것은 거의 불가능에 가깝다는 보고를 했습니다. 그러자 그 말은 비수가 되어 이스라엘 백성들의 마음을 사정없이 찌르기 시작했습니다. 이스라엘 백성들은 크나큰 충격과 혼란, 그리고 실망과 좌절 속으로 빠져들어 갔으며 통곡하기 시작했습니다.

"온 회중이 소리를 높여 부르짖으며 백성이 밤새도록 통곡하였더라 이스라엘 자손이 다 모세와 아론을 원망하며 온 회중이 그들에게 이르되 우리가 애굽 땅에서 죽었거나 이 광야에서 죽었으면 좋았을 것을 어찌하여 여호와가 우리를 그 땅으로 인도하여 칼에 쓰러지게 하려 하는가 우리 처자가 사로잡히리니 애굽으로 돌아가는 것이 낫지 아니하랴"(민 14:1-3).

심지어 이곳까지 그들을 인도해왔던 모세와 아론을 향해 돌을 들어 치려는 행동까지 보였습니다.

1. 내 귀에 들린 대로 행하리라(1)

"온 회중이 그들을 돌로 치려 하는데"(민 14:10).

그들은 홍해가 갈라지는 것을 두 눈으로 똑똑히 보았던 사람들입니다. 하나님의 그런 은혜를 받은 민족이 어디에 있었겠습니까? 결코 없었습니다.

"어떤 신이 와서 시험과 이적과 기사와 전쟁과 강한 손과 편 팔과 크게 두려운 일로 한 민족을 다른 민족에게서 인도하여 낸 일이 있느냐 이는 다 너희의 하나님 여호와께서 애굽에서 너희를 위하여 너희의 목전에서 행하신 일이라"(신 4:34).

이것은 몇십 년 전의 사건이 아니라 불과 7~8개월 전에 일어났던 일이었습니다.

불신앙의 늪에 빠진 이스라엘

그런 놀라운 은혜를 체험했던 이스라엘 백성들이 왜 이렇게 된 것일까요? 10가지 재앙이 애굽에 내리는 것을 보았고, 그들을 학대했던 애굽의 군대가 홍해에 수장되는 것도 지켜보았던 그들이었습니다. 이것이 보통 은혜가 아니지 않습니까? 그런 놀라운 은혜를 체험했음에도 불구하고 지금 이 순간 그 믿음을 적용시키지 못한 채 왜 이렇게 낮은 열등감 속에 빠져서 절망하게 된 것일까요? 왜 이렇게 불신앙과 한숨과 원망의 말을 늘어놓게 된 것일까요?

그것은 10명의 정탐꾼들이 쏟아내었던 부정적인 말 때문이었습니다. 동시에 그런 부정적인 보고를 자신들의 것으로 받아들였기 때문이었습니다. 조금 전까지만 해도 가나안 정복을 꿈꾸며 정탐꾼이 좋은 소식을 가지고 돌아오기만을 기다리고 있었습니다. 가나안 정복이 시작되어 꿈에도 그리던 땅을 분배받을 줄 알았습니다. 보고를 받기 위해 모여 있었을 때는 그래도 희망에 부풀어 있었습니다. 그러나 부정적인 말은 그런 희망이 물거품이 되게 만들었고, 대성통곡하며 울부짖게 했습니다. 죽게 되었다고 소리치게 만들었습니다. 그러자 하나님은 그들에게 이런 말씀을 하셨습니다.

내 귀에 들린 대로 행하리라

"여호와의 말씀에 내 삶을 두고 맹세하노라 너희 말이 내 귀에 들린 대로 내가 너희에게 행하리니"(민 14:28).

하나님은 그들이 내뱉은 말 그대로 해주시겠다고 하셨습니다. 그래서 이 일에 주동적인 역할을 했던 10명은 하나님의 징계를 받아 재앙으로 죽었습니다. 가나안 족속들을 얼마든지 몰아낼 수 있고, 정복할 수 있다고 고백했던 여호수아와 갈렙 그리고 유아들만 가나안 땅에 들어가게 해주시겠다고 했습니다. 10명의 정탐꾼의 말에 동조했던 이스라엘 공동체에게는 40년 광야생활이 주어졌고 그들의 뼈를 광야에 묻어야 한다고 하셨습니다.

이런 낭패가 어디에 있다는 말입니까? 약속의 땅 가나안이 바로 코앞인데 거기에서 돌이켜 다시 광야로 돌아가야 했으니 말입니다. 만약에 여호수아와 갈렙처럼 10명의 정탐꾼들이 믿음의 말을 했더라면 이스라엘 백성들은 불신앙의 말을 하지 않았을 것이고, 가나안 정복을 향해 나아갔을 것이고, 그러면 광야 40년 생활도 찾아오지 않았을 것 아니겠습니까? 결국 부정적인 말이 그들의 삶을 이렇게 나락으로 떨어지게 만들었고, 하나님의 진노를 불러오게 만들었습니다.

그렇다면 우리들은 어떨까요? 이런 사건을 성경을 통해서 읽었습니다. 가나안 정탐꾼에 관한 설교를 들었습니다. 10명의 정탐꾼의 부정적인 말이 엄청나게 무서운 결과를 가져왔다는 것을 너무나도 잘 알고 있습니다. 하지만 앎이 삶으로 이어지고 있을까요? 아는 것만큼 부정적인 말, 불신앙적인 말, 용기를 꺾어버리는 말, 비난하는 말, 할 수 없다는 말을 하지 않으려고 노력을 하십니까? 내게 들린 부정적인 말을 거부하고, 내 속으로 받아들이지 않으려고 애를 쓰십니까?

아닙니다. 대부분 생각 없이 말을 내뱉습니다. 나아가 내게 들려진 말을 곱씹으며 스스로 마음에 생채기를 낼 때가 많습니다. 내가 하는 말을 살피고, 점검하고, 조심하고, 격려하고 칭찬하면서 긍정적이고, 적극적이고, 신앙적인 말을 한다면 좋으련만 모욕적이거나 좌절감을 주는 말, 의지를 깎아내리는 말을 할 때가 허다합니다.

어느 가정에서 있었던 일입니다. 딸아이가 일찍 학교를 갔다 왔더니 싱크대 정리가 안 되어 있는 것을 보게 되었습니다. 그러자 아이는 엄마를 도와야겠다는 마음으로 열심히 설거지를 했습니다. 늦게 돌아온 엄마는 자신이 해야 할 일을 누군가가 해놓은 것이 고마워서 물었습니다. "이거 누가 씻었니?" 딸은 엄마에게 칭찬을 듣고 싶어서 "응! 내가 했는데"라고 대답을 했습니다. 그러자 엄마 입에서 튀어나온 말은 "아이고! 네가? 공부를 이런 식으로 하면 얼마나 좋겠니? 안 시키는 일은 잘만 하네" 그러면서 청소가 안 된 부분만 골라가면서 가슴에 대못을 박는데, "이 먼지 좀 봐라, 이게 청소를 했다고 한 것이니! 네 눈에는 이게 안 보여? 이것도 그릇을 씻은 것이라고 할 수 있겠어?" 하며 아이의 기를 완전히 죽여 놓았습니다. 다음부터 그 아이가 청소나 설거지를 하면서 엄마를 도와줄 마음이 생길까요? 이미 기를 다 죽여 놓았는데 어떻게 그것을 기대할 수 있겠습니까?

"안 일어나느냐? 아침 안 먹느냐? 학교 안 가느냐? 안 돼! 하지 마! 너는 할 수 없어! 너는 도대체 뭐가 되려고 그러니? 너는 엄마 속을 뒤집어 놓으려고 태어났니? 뭐 하나 제대로 하는 게 없냐? 네가 그러면 그렇지! 당신은 너무 교만해! 기도만 하면 다야? 그러고도 당신이 하나님을 믿는 사람이야? 내 그럴 줄 알았어! 당신은 어쩌면 그렇게 잘 속고 살아요? 왜 그렇게 자신감이 없어요! 남들처럼 돈을 펑펑 쓸 수 있도록 해주기나 하나, 무엇 하나 제대로 해주는 것도 없으면서 어디서 큰소리야! 당신과 결혼한 내가 눈이 삐었지! 아이고, 죽고 싶은 마음뿐이네!"

이것이 과연 하나님을 믿는 신자들의 입에서 나와야 하는 말일까요? 이런 말은 10명의 정탐꾼의 말과 다를 바가 없지 않습니까? 기도하면서 응답을 받는다고 하는 자의 입에서 내뱉어도 되는 말일까요? 하나님께 예배드리며 은혜를 사모한다는 내 입에서 나가도 되는 말일까요? 내가 말한 그대로 하나님이 하신다면 후회하지 않을 자신 있으십니까? 그렇게 말을 하고 난 다음에는 뭐라고 합니까? "다 당신을 위해서 해주는 말이니 새겨들어요! 나는 뒤끝이 없는 사람입니다. 성도를 사랑하기 때문에 그런 말을 해주는 것입니다. 다 너 잘되라고 하는 말이야."

그러나 그것은 비열한 변명에 지나지 않습니다. 말하는 사람이야 무심코 던진 말이겠지만 듣는 사람의 입장에서는 엄청난 충격이 되어 마음을 갈가리 찢어놓아 버린다는 것을 왜 모르십니까? 그런 말을 듣다 보면 어떤 일을 하려고 하다가도 핀잔과 지적하는 말을 또다시 듣게 되지는 아니할까 불안해서 추진력을 잃어버리게 만듭니다. 그것은 상대방의 마음에 깊은 상처로 오랫동안 남아 있어 아프게 할 뿐입니다. 폭풍 잔소리에 변화되는 것은 아무것도 없습니다. 강추위는 옷을 덧입게 만들지만 따뜻한 햇볕은 입었던 옷을 벗게 만듭니다.

청소년 집회에 가서 은혜를 받았습니다. 그래서 엄마 아빠에게 "이제부터 공부를 열심히 할 거야!" 그렇게 말을 하면 "네가? 지금까지 공부를 하지 않은 네가 잘도 하겠다. 작심삼일이라고 삼 일을 넘기지 못할 때가 어디 한두 번이었냐? 지 애비 닮아서 왜 저렇게 머리가 안 돌아가는지 몰라! 아이고 내 신세야!"라고 합니다. 그런 말을 듣고 아이가 공부할 마음이 생길까요? 부모가 정제되고 인정해주고, 칭찬해주고, 격려해주는 말을 하지 않는데 어찌 자녀가 신앙의 유산을 물려받을 수 있겠습니까? 그것은 도리어 아이에게 신앙을 버리며 살라는 것과 다를 바 없습니다. 말한 그대로 머리가 안 돌아간다면 큰일 아니겠습니까?

유대인들은 부모의 말이 자식에게 그대로 이루어진다고 생각해서 자식들에게 함부로 저주의 말을 하지 않습니다. 사랑하는 자식에게 상스러운 말이나, 부정적인 말을 퍼부으면 자녀와 배우자에게 지울 수 없는 상처로 남기 때문입니다. 자신감을 잃어버리게 만들기 때문입니다. 좌절감을 안겨다 줄 수 있기 때문입니다. 열등감을 심어줄 수 있기 때문입니다. 굴절된 삶을 살아가게 할 수도 있기 때문입니다. 그렇지 않은가요?

고래도 춤추게 하는 칭찬과 격려

  엎어진 물은 다시 채우면 되고, 쏟아진 물건은 다시 주워 담으면 됩니다. 넘어진 물건은 제자리에 세워놓으면 됩니다. 하지만 말로 인한 상처는 주워 담을 수가 없습니다. 제자리에 되돌려놓을 수도 없습니다. 주먹으로 얼굴을 때리면 얼굴에 멍이 들지만 시간이 지나면 멍도 사라집니다. 장난삼아 던진 돌이 개구리에게는 죽음을 가져옵니다. 사람이 길을 가다가 넘어질 때는 큰 바위에 걸려서 넘어지는 것이 아니라 조그마한 돌부리에 걸려서 넘어집니다. 내가 뱉은 말이 그렇게 될 수 있습니다. 하지만 칭찬과 격려와 용기를 주는 말은 사람을 살리고 일어설 수 있는 힘을 공급해 줍니다. 그런 좋은 말은 좋은 옷보다도 더 따뜻하게 해 줍니다.

범고래가 멋진 쇼를 부리는 것을 보면서 사람들은 감탄을 자아냅니다. "범고래가 춤을 추다니!" 어떻게 그것이 가능한 것일까요? 《칭찬은 고래도 춤추게 한다》(켄 블렌차드)라는 책을 보면 그것은 범고래를 대하는 조련사의 긍정적인 태도와 칭찬 때문이라는 것을 알 수 있습니다. 범고래에게 "너는 할 수 있어!"라고 하면서 격려해 주고, 용기를 심어주고, 칭찬을 해주니깐 고래도 멋지게 춤을 추게 되지 않습니까?

칭찬과 긍정적인 말은 적극적이고 창의적인 사람으로 만드는 힘을 가지고 있습니다. 우리 뇌에 아주 강한 보상을 해주는 힘을 가지고 있습니다. 춤을 추는 인생으로 만들어가고, 삶을 풍성하게 해줍니다.

"나는 네가 자랑스럽다. 아주 잘했다. 실수했다고 낙심하지 말고 다음에 더 잘하면 돼! 너는 얼마든지 잘할 수 있어! 너는 다른 아이들이 가지지 못한 좋은 자질을 가지고 있단다. 나는 당신을 믿어요. 어떤 형편에 처한다 할지라도 나는 언제나 당신 편이고 당신을 응원할 거예요. 당신과 결혼하기를 잘했어요. 내가 성도님을 만나게 된 것도, 이 교회에 출석하게 된 것도 다 하나님의 은혜입니다."

이런 말이 지친 자녀를 일으켜 세워주고, 자녀들을 믿음의 인물로 만들어 갑니다. 부부를 사랑 가운데 더 깊어지게 합니다. 성도들을 세워주고 교회에 부흥의 불길이 타오르게 합니다.

얼마든지 이겨낼 수 있다

소아혈액암을 앓고 있는 어느 가정에서 있었던 일입니다. 태어난 지 6개월밖에 되지 않았는데 아기가 소아혈액암 진단을 받고 병원에서 힘든 치료의 과정을 견디고 있었습니다. 때로는 죽음의 공포가 아기와 부모에게 덮치기도 했었습니다. 소아혈액암으로 아기가 부모 곁을 떠날 수도 있다는 불안과 절망과 공포가 쉴 사이 없이 찾아오곤 했었습니다. 아기 엄마는 아기에게 우는 모습을 보여줄 수 없어 화장실에서 통곡하기도 했는데, 그것이 한두 번이 아니었답니다. 내일의 소망을 기대할 수 없는 절망의 나날이었습니다. 어느 날 이 아기가 입원해 있던 병실에 화분 하나가 배달되었는데 거기엔 다음과 같이 쓰인 카드가 끼워져 있었습니다.

"나도 갓난아기였을 때 소아혈액암 선고를 받았습니다. 하지만 지금은 완전히 고침을 받아서 30살이 넘도록 건강하게 잘 살고 있습니다. 조금도 염려하지 말고 용기를 내십시오. 얼마든지 이겨 낼 수 있습니다. 저도 이렇게 이겨내었습니다."

엄마와 아빠는 그 글을 읽고 펑펑 울고 말았답니다. "할 수 있다"는 한마디가 엄청난 힘과 용기를 주었기 때문입니다. 부모는 아기가 말을 알아듣지 못해도 아기에게 "하나님이 너를 통해 앞으로 큰 역사를 이룰 거야! 힘을 내! 알았지! 우리 같이 잘 이겨내자!"라며 아기의 머리에 손을 얹고 매일 축복기도를 해주었습니다. 그리고 의사가 진행하는 치료의 과정을 잘 견뎌내었습니다. 그러자 그 아기는 그 이후 소아혈액암으로부터 완전히 벗어날 수 있게 되었다고 합니다.

"선한 말은 꿀송이 같아서 마음에 달고 뼈에 양약이 되느니라"
(잠 16:24).

2.

내 귀에 들린 대로
행하리라(2)

말은 인격의 결과

"이는 마음에 가득한 것을 입으로 말함이라"(마 12:34).

마음에 가득한 것이 입으로 나오기 때문에 그것은 나와 상관없는 것이 아니라 내 인격의 결과입니다. 사랑과 감기는 감출 수 없듯이 내가 내뱉은 말은 내 속에 무엇이 들어 있는지, 내 속 마음이 어떤 상태인지, 그리고 내 인격이 어떠한지 그것을 그대로 다 드러내 보여줍니다. 따라서 말을 통제하고 절제하면서 부정적인 말보다는 긍정적인 말을, 불신앙적인 말보다는 신앙적인 말을, 책망보다는 격려를, 불평보다는 감사를, 상스러운 말보다는 덕스러운 말을 할 수 있도록 노력해야 합니다.

주일날 부부가 예배드리러 갈 때 부인들이 꾸미고 화장하는

데 다소 시간이 걸리는 것을 남편들은 이해를 해주어야 합니다.

어느 가정에서 있었던 일이었습니다. 아내가 남편에게 먼저 내려가서 차에 시동을 걸라고 했는데 5분이 지나도 아내가 내려오지 않았습니다. 10분이 지나도 내려오지 않았습니다. 그러자 남편이 슬슬 화가 나기 시작했는데 화를 억누르며 참았습니다. 15분이 지나서야 아내가 모습을 나타냈습니다. 아내가 차에 타는 순간 "내려가라고 한 것이 언젠데 이제 오는 거야! 도대체 찍어 바르는 데 무슨 시간이 그렇게 오래 걸려?"라며 화를 내고 말았습니다.

그럴 때 아내가 가만히 있으면 좋으련만 이렇게 맞받아쳤습니다. "뭐라고? 당신이 알기나 해! 내가 그냥 놀다가 이제 온 줄 알아! 내가 놀다가 왔어! 당신도 여자로 태어나봐라, 그렇게 일찍 나올 수 있는가! 당신은 몸 하나 빠져나오면 그만이지만 문을 열고 나오려는데 시어머니 전화받았지! 가스레인지 잠갔는지 확인해야지! 내가 가스레인지 확인해 달라는 이야기를 했는데 왜 확인도 하지 않고 그냥 내려왔어! 내가 내 일 때문에 늦었어? 주일 아침부터 웬 시비야. 나 교회 안 가! 당신 혼자 갔다 와!" 그러면 남편은 또 가만히 있습니까? "그래, 너 잘났다! 저 성질머리하고는! 평생 고쳐지질 않아!" 이러면 아내의 마음에 상처로 남지 않겠습니까?

아내가 무엇을 잃어버렸을 때 "잘한다! 잘해! 또 잊어버렸어? 그 머리를 가지고 뭘 하겠어. 그래도 남편 잊어버리지 않는 것을 보니 용하다. 당신이 그러니 집안 꼴이 이 모양이지. 당신을 구제할 수 있는 사람은 이 땅 위에 아무도 없어. 나니까 너 데리고 살지"

그러기보다는 "잊어버리고 나니 무척 속상하겠다. 잘해 보려고 하는데도 안 되니 답답하지? 내가 공연한 것 시켜서 미안해!" 그러면 감동을 받을 겁니다. 사랑은 그렇게 먼 데 있는 것이 아닙니다. 칭찬과 격려와 감사와 인정해 주는 말을 하는 곳에서부터 화목과 사랑이 싹트기 시작합니다.

부정적인 말은 습관성 고질병이 됩니다. 비난은 불평을 낳고, 불만족을 낳습니다. 그러나 긍정적인 말과 용기를 북돋아 주는 말, 칭찬과 격려와 감사의 말은 삶을 윤택하게 만들어 줍니다. 믿음의 말을 하는 습관을 지녀야 우리의 혀가 절제될 수 있습니다.

제가 아는 고등학교 선생님은 술고래였습니다. 어떤 때는 필름이 끊어질 정도로 마실 때가 있었습니다. 그렇게 술에 취했어도 집을 찾아오는 것을 보면 그저 신기할 따름이었습니다. 그런데 부인은 남편이 저녁에 퇴근해서 들어오면 반갑게 맞으면서 "당신 때문에 우리 가족이 삽니다. 수고하셨습니다. 감사합니다" 하면서 남편에게 감사 인사를 했고, 남편을 인정하고 세워 주었습니다.

그렇게 하니 남편은 토요일에 아무리 술을 많이 먹고 귀가를 했어도 주일 아침이면 일찍이 일어나서 몸에 묻은 술 냄새, 담배 냄새를 지우려고 애를 썼습니다. 그리고는 아내의 성경 가방을 들고 예배를 드리러 갔습니다. 왜냐하면 "그렇게 술을 마시다가는 당신 간이 다 망가져서 간암이 걸리고, 위가 망가져서 위암에 걸릴 것이다"라는 협박과 저주에 가까운 말로 윽박지르지 않았기 때문입니다. 남편을 격려해주고 인정해주자 그것이 너무나 고마웠습니다. 아내가 남편더러 "교회 나가자"는 말을 하지 않았는데도 제 발로 걸어서 나갔습니다. 그랬던 분이 지금은 변화되어 감리교회 장로님이 되었고, 교회와 성도들을 얼마나 잘 섬기고 계시는지 모릅니다.

200명만 남아도 된다

부정적인 말을 쏟아내기 시작하면 그 말에 감염된 자들이 늘어나면서 그때부터 교회는 소리 없이 무너지기 시작합니다. 은혜는 떠나가고 성도들의 마음은 삭막해지면서 부흥은 물 건너가기가 쉽습니다.

700명 이상 모이던 교회가 있었는데 목사님은 성도들의 신앙을 바르게 잡아주어야겠다는 생각을 가졌습니다. 그것까지는 좋았는데, 그런데 방법이 잘못되었습니다. 소위 치는 설교를 하기 시작한 것입니다. 설교를 하면서 "여러분들의 신앙을 바르게 이끌고 교회의 기강을 제대로 세울 수만 있다면 성도들이 200명만 남아도 괜찮습니다"라는 말을 수도 없이 강조했습니다. 아! 그런데 이게 웬 일입니까? 한 달, 두 달이 지나가면서 교회가 점점 더 부흥이 된 것이 아니라 한 가정, 두 가정 빠져나가기 시작하더니만 나중에는 출석 인원이 200명 아래로 뚝 떨어지고야 말았습니다. 수많은 성도들이 모였던 그 넓은 예배당은 텅텅 비었고, 나이 드신 성도들만 남았습니다. 목사님이 강단에서 외친 그대로 되었습니다.

이것이 과연 성령님의 역사라고 말할 수 있을까요? 영을 살리는 말씀, 성도들에게 말씀을 잘 풀어서 전해주는 것이 설교 아니겠습니까? 때로 책망을 하더라도 기도의 골방에 들어가 내 속에서 성령님의 감동하심과 성령님의 만져주심을 통해 흘러나오는 것이어야 합니다. 하지만 목사님은 자신의 부정적인 감정을 설교로 쏟아내었을 뿐입니다.

성도들의 신앙을 바르게 잡아준다는 명분으로 지적하며 치는 설교를 하는 것은 성령님의 역사라 말하기가 어렵습니다. 그것을 가리켜 하나님의 말씀을 전하는 것이라고 포장하지 말아야 합니다. 도리어 그것은 악한 영의 도구가 되어 성도들의 마음속으로 흘러들어갈 수 있습니다. 그리고 성도들은 자신도 모르는 사이에 부정적이고 비판적인 생각에 젖어들게 되고 비판적인 말을 자연스럽게 하게 됩니다. 그러면 기도응답이 막히고 하나님의 복을 받기 어려워집니다. 따라서 긍정적이고 소망적인 설교를 통해 성도들의 신앙을 이끌어가고자 하는 노력이 필요합니다.

수년 내에 부흥케 하소서

어느 목사님은 "여호와여 내가 주께 대한 소문을 듣고 놀랐나이다 여호와여 주는 주의 일을 이 수년 내에 부흥하게 하옵소서 이 수년 내에 나타내시옵소서 진노 중에라도 긍휼을 잊지 마옵소서"(합 3:2)라는 말씀을 10년 넘게 암송하며 기도를 했답니다. 그리고 그 말씀을 입으로 선포하면서 하나님이 주시는 부흥의 파도를 타게 해주시기를 갈망했습니다. 그런데 그 고백대로 하나님이 3,000명이 넘는 교회로 성장시켜 주셨다고 간증하는 것을 들은 적이 있습니다.

저도 그런 것을 체험한 적이 있었습니다. 모 교회에서 담임목회를 할 때 "하나님! 성도들이 벌떼같이 구름 떼같이 모여들게 해주시옵소서. 성도들을 보내주시옵소서! 부흥의 파도를 타게 하여 주시옵소서" 울며 기도를 했었습니다. '부흥', '부흥2000', '신사도행전' 찬양들을 부르며 울 때가 한두 번이 아니었습니다. 교회는 그 어떤 것으로가 아니라 기도의 무릎과 눈물로 세워지기에 긴 세월 동안 하나님을 사모하며 눈물을 흘리며 그렇게 기도를 했습니다. 그러던 어느 주일에 안내를 하던 집사님이 "목사님! 정말 목사님의 기도대로 성도들이 벌떼같이 구름 떼같이 몰려옵니다" 하는 것 아니겠습니까? 하나님이 성도들을 보내기 시작하시는데 새신자가 20명까지 등록하는 주일도 있었습니다. 출석인원이 600명을 넘어가더니 700명을 넘어가고, 900명을 넘어가게 되었습니다.

어느 해에는 신년 특별새벽기도회를 인도하고 있었는데 월요일부터 시작되었던 특별새벽기도회가 목요일쯤 되었을 때 하나님의 은혜에 사로잡힌 성도들이 저에게 이런 요청을 해오셨습니다. "목사님! 너무 아쉽습니다. 한 주간만 더 해주시면 안 될까요?" 그래서 특별새벽기도회를 한 주간 연장한 적도 있었습니다. 오직 하나님의 은혜요, 성령님의 역사였을 뿐입니다. 말의 힘, 말의 영향력을 깨닫고 부정적인 말, 부정적인 설교를 하지 않으려고 애를 썼더니 그 고백대로 하나님이 부흥의 파도를 타게 해주셨던 것입니다.

기도 응답을 받고 하나님의 복을 받은 분들의 간증을 들어보면 하나같이 늘 긍정적인 말을 했다는 것을 알 수 있습니다. 예를 들어 물질적인 궁핍 때문에 기도를 했습니다. 기도를 하는 중에 하나님이 "너희가 내 안에 거하고 내 말이 너희 안에 거하면 무엇이든지 원하는 대로 구하라 그리하면 이루리라"(요 15:7)는 말씀으로 응답을 해주셨습니다. 하지만 기도를 해도 현실은 전혀 달라지지 않았고 도리어 점점 더 어렵게 꼬여만 갔습니다. 그럴 때에라도 "안 되는구나. 이제는 어쩔 수가 없구나. 기도해도 소용이 없네! 포기할 수밖에 없다"라는 말을 하지 않았답니다. 도리어 지난날 기도했을 때 응답을 받았던 순간들을 기억하면서 약속에 신실하신 하나님은 내 현실이 아무리 어려워도 분명히 응답해주실 것과 공급해주실 것을 믿었습니다. 그러면서 "하나님! 이렇게 말씀하지 않으셨습니까? 하나님이 채워주신다고 하셨으니 채워주시옵소서. 약속에 신실하신 하나님이 해결해주실 것을 믿습니다. 저는 하나님을 믿습니다. 하나님을 의지합니다. 저는 실망하지 않겠습니다. 좌절하지 않겠습니다. 저의 모든 것은 하나님의 손에 달려 있음을 믿고 고백합니다"라고 했습니다. 입으로 시인하고 선포하며 삶에 최선을 다하며 살았더니 결국 응답을 받았고, 하나님이 주시는 복을 받게 되었다고 합니다.

설교를 들었을 때, 성경을 읽었을 때, 기도하던 중에 성령님이 내게 감동을 주신 것이 있다면 그것을 나에게 주신 응답으로 알고, 입으로 시인하고, 고백하고, 긍정하면서 끝까지 선포하시기 바랍니다. 아무리 현실이 어렵게 돌아가도 믿음의 언어를 사용하는 것을 잊지 마시기 바랍니다.

믿음으로 현실을 딛고 일어서다

여호수아와 갈렙은 그들이 보았던 현실에서 무엇이라고 고백을 했습니까?

> "다만 여호와를 거역하지는 말라 또 그 땅 백성을 두려워하지 말라 그들은 우리의 먹이라 그들의 보호자는 그들에게서 떠났고 여호와는 우리와 함께 하시느니라 그들을 두려워하지 말라"(민 14:9)

"여러분! 그게 무슨 소리요! 과연 그 땅은 젖과 꿀이 흐르는 땅입니다. 그들의 보호자는 그들에게서 떠났습니다. 그들의 신장이 아무리 크다고 하더라도 그들은 우리의 먹이입니다. 가나안 땅으로 들어갑시다. 두려워하지 마세요. 실망하지 마세요. 우리가 누구입니까? 하나님의 자녀들 아닙니까? 하나님의 백성 아닙니까? 하나님이 우리를 출애굽시켜 주셨으니 가나안 땅에도 들어가게 해주실 줄 믿습니다."

10명의 정탐꾼은 하나님이라는 말을 한 번도 언급한 적이 없었습니다. 왜냐하면 부정적인 말에는 하나님을 향한 신앙고백과 기도의 능력이 자리 잡을 곳이 없기 때문입니다. 그러나 여호수아와 갈렙은 하나님이라는 말을 세 번이나 했습니다.

> "여호와께서 우리를 기뻐하시면(민 14:8), 여호와를 거역하지는 말라(민 14:9), 여호와는 우리와 함께 하시느니라(민 14:9)"

한쪽은 현실만 보았습니다. 현실만 보니 실망과 좌절과 공포와 절망뿐이었고, 현실의 벽 앞에서 "어찌할꼬!" 하면서 무너져 내렸습니다. 여호수아와 갈렙도 거기에 살고 있는 사람들의 신장이 얼마나 큰지 보았습니다. 성이 얼마나 견고한지도 보았습니다. 그러나 하나님을 의지했습니다. 하나님을 바라보았습니다. 하나님이 우리와 함께하시니 올라가서 그 땅을 얼마든지 정복할 수 있다고 믿었습니다. 불가능한 것처럼 보이는 현실 앞에서도 할 수 있다고 선포했습니다. 우리는 얼마든지 가능하다고 말을 했습니다. 힘과 용기를 주는 말을 사용했습니다. 그러자 현실의 두려움을 몰아낼 수 있었습니다.

우리가 시련과 환난과 고난의 벽에 부딪히고 벼랑 끝에 서는 일이 있어도 포기하지 않고 다시 일어날 수 있는 이유는 무엇 때문입니까? "영접하는 자 곧 그 이름을 믿는 자들에게는 하나님의 자녀가 되는 권세를 주셨으니"(요 1:12)라는 말씀처럼 나는 하나님의 자녀가 된 권세가 있기 때문입니다. 기도 응답의 권세가 있고, 내 삶을 이끌어 가시는 하나님의 인도함을 받을 권세가 있기 때문입니다.

교회가 어려워도 부흥의 파도를 탈 수 있는 이유는 무엇 때문입니까? "만물을 그의 발아래에 복종하게 하시고 그를 만물 위에 교회의 머리로"(엡 1:22) 삼으신 예수님이 교회의 주인이심을 믿기 때문입니다.

손에 쥔 것이 없어도 좀 불편할 뿐이라 여기며 당당하게 살아가고, 교회를 위해 최선을 다해 헌신하며 섬기는 이유는 무엇 때문입니까? "나의 하나님이 그리스도 예수 안에서 영광 가운데 그 풍성한 대로 너희 모든 쓸 것을 채우시리라"(빌 4:19)고 하신 약속의 말씀에 의해 하나님이 공급해 주실 것을 믿기 때문입니다.

손에 있는 부귀를 귀한 것으로 여기지 않고, 화려한 세상을 부러워하지 않으면서 웃음을 잃지 않고 살아가는 이유는 무엇 때문입니까? "내가 어려서부터 늙기까지 의인이 버림을 당하거나 그 자손이 걸식함을 보지 못하였도다"(시 37:25)라는 말씀을 믿기 때문입니다.

실패하고 넘어진 현실에서도 오뚝이처럼 다시 일어나서 뚜벅뚜벅 걸어갈 수 있는 이유는 무엇 때문입니까? "두려워하지 말라 내가 너를 구속하였고 내가 너를 지명하여 불렀나니 너는 내 것이라 네가 물 가운데로 지날 때에 내가 너와 함께 할 것이라 강을 건널 때에 물이 너를 침몰하지 못할 것이며 네가 불 가운데로 지날 때에 타지도 아니할 것이요 불꽃이 너를 사르지도 못하리니 대저 나는 여호와 네 하나님이요 이스라엘의 거룩한 이요 네 구원자임이라"(사 43:1-3)고 하신 하나님을 믿기 때문입니다.

소망이 없어 보이는 내 자녀를 바라보면서 무릎을 꿇고 소망의 기도를 드릴 수 있는 이유는 무엇 때문입니까? "여호와께서는 자기 백성을 버리지 아니하시며 자기의 소유를 외면하지 아니하시리로다"(시 94:14)라고 하신 하나님께서 결단코 내 자녀를 버리지 아니하시고, 포기하지 않으신다는 것을 믿기 때문입니다.

현실이 아무리 암울해 보여도 결코 비관적으로 보지 않고 긍정적인 생각을 가지며 할 수 있다고 고백할 수 있는 이유는 무엇 때문입니까? "여호와는 너를 지키시는 이시라 여호와께서 네 오른쪽에서 네 그늘이 되시나니 낮의 해가 너를 상하게 하지 아니하며 밤의 달도 너를 해치지 아니하리로다 여호와께서 너를 지켜 모든 환난을 면하게 하시며 또 네 영혼을 지키시리로다"(시 121:5-7)고 약속을 해주셨기 때문입니다.

우리에게는 이 모든 것이 있어야 할 줄 아시는 하나님이 계십니다. 무너진 자리에서도 일어서게 하시는 하나님이 계십니다. 그 하나님이 나의 하나님이 되십니다. 그 하나님은 나의 아버지이십니다. 나는 그분의 자녀입니다. 우리에게는 하나님의 도움을 구하는 기도가 있습니다. 그러니 용기를 잃어버리지 마시기 바랍니다. 안 된다는 말을 하지 마시기 바랍니다. 할 수 없다는 말을 늘어놓지 마시기 바랍니다. 포기해야 되겠다는 말을 하지 마시기 바랍니다.

하나님이 얼마든지 길을 열어주시고 인도해 주신다고 고백하시기 바랍니다. 믿으면 된다고 선포하시기 바랍니다. 얼마든지 이겨낼 수 있다고 말을 하시기 바랍니다. 불경기라는 파도가 거세게 몰아쳐 와도, 살길이 막막해도, 하나님을 의지하는 믿음으로 얼마든지 일어설 수 있고, 현실을 헤쳐 나갈 수 있다는 말을 하시기 바랍니다. 어려운 문제에 부딪혀도 하나님께는 길이 있음을 믿고 하나님의 지혜를 구하시기 바랍니다. 그러면 하나님이 지혜를 주시고 문제도 풀려가게 해주십니다. 그런 신앙과 긍정의 말들이 내 삶을 이끌어가는 줄 믿습니다.

사업을 하시는 분들은 사업장을 바라보시며 선포하시기 바랍니다.

"여호와여 위대하심과 권능과 영광과 승리와 위엄이 다 주께 속하였사오니 천지에 있는 것이 다 주의 것이로소이다 여호와여 주권도 주께 속하였사오니 주는 높으사 만물의 머리이심이니이다 부와 귀가 주께로 말미암고 또 주는 만물의 주재가 되사 손에 권세와 능력이 있사오니 모든 사람을 크게 하심과 강하게 하심이 주의 손에 있나이다"(대상 29:11-12).

"하나님! 내 사업장에 복을 주시옵소서. 이 사업장을 통해 하나님의 영광을 위해 살겠으니 복을 주시옵소서."

고백하고, 믿고, 최선을 다하면서 연구하고, 직원들을 내 가족처럼 여기며 그들을 격려하면 하나님이 주실 줄 믿습니다.

학교에 다니는 아이가 있다면 등교하기 전에 아이의 머리에 손을 얹고 축복기도를 하고 난 다음에 보내는 것은 어떻겠습니까?

"하나님! 오늘 아이가 학교에 갑니다. 지혜와 명철을 주시고 잘 배워서 앞으로 하나님을 위해 큰일을 할 수 있는 자녀가 되게 하여 주시옵소서. 이 민족을 살리는 인물이 되게 하여 주시옵소서."

죽음의 문턱에서 드린 히스기야의 기도

히스기야 왕은 하나님으로부터 더 이상 살지 못할 것이라는 최후통보를 받았습니다. 의사가 암이라는 진단만 내려도 우리는 그 순간 힘을 잃어버리고 절망의 덫에 빠지고 우울해지면서 비관적인 생각을 가지고 쉽게 포기하려고 합니다. 그러나 히스기야는 주저앉지 않았습니다. 절망하지 않았습니다. 거기에 굴복하지 않았습니다. 도리어 얼굴을 벽으로 향하고 하나님께 이렇게 기도를 했습니다.

"여호와여 구하오니 내가 주 앞에서 진실과 전심으로 행하며 주의 목전에서 선하게 행한 것을 기억하옵소서 하고 히스기야가 심히 통곡하니"(사 38:3).

그러자 하나님이 무엇이라고 응답해 주셨습니까?

"내가 네 기도를 들었고 네 눈물을 보았노라 내가 네 수한에 십오 년을 더하고 너와 이 성을 앗수르 왕의 손에서 건져내겠고 내가 또 이 성을 보호하리라"(사 38:5-6).

하나님은 히스기야가 절망적인 상태에서 흘리는 눈물을 보셨고 기도를 들으셨습니다. 그리고는 뜻을 돌이켜 히스기야의 생명을 15년이나 연장시켜 주셨습니다. 하나님은 얼마든지 그렇게 하실 수 있으십니다. 나이가 들수록 몸이 예전 같지 않더라도 나를 향해 "내가? 웃기네! 내 몸 상태를 보라고! 그런 말을 할 수 있나!" 그러지 말고 하나님이 건강을 주실 것을 믿고, 병원을 다니며 치료도 받고, 몸을 움직이며 운동도 하면서 하나님을 신뢰하시기 바랍니다.

하나님을 의지했던 여호수아와 갈렙은 그들이 믿은 대로 가나안 땅에 들어가서 살게 되었습니다. 여호수아 24장 29절에 의하면 "이 일 후에 여호와의 종 눈의 아들 여호수아가 백십 세에 죽으매"라고 했습니다. 여호수아는 110세까지 살았습니다.

갈렙은 가나안 땅에 들어간 다음 85세 노인이었을 때에 이렇게 고백을 한 적이 있습니다.

"모세가 나를 보내던 날과 같이 오늘도 내가 여전히 강건하니 내 힘이 그 때나 지금이나 같아서 싸움에나 출입에 감당할 수 있으니 그 날에 여호와께서 말씀하신 이 산지를 지금 내게 주소서 당신도 그 날에 들으셨거니와 그 곳에는 아낙 사람이 있고 그 성읍들은 크고 견고할지라도 여호와께서 나와 함께 하시면 내가 여호와께서 말씀하신 대로 그들을 쫓아내리이다"(수 14:11-12).

신앙은 시각이 바뀌는 것입니다. 땅의 시각에서 하나님을 바라보는 시각으로, 현실만 보는 시각에서 하나님의 능력을 보는 시각으로 바뀌는 것이 믿음입니다. 나는 약하지만 하나님은 강하십니다. 나는 지혜가 없지만 하나님은 지혜가 풍부하십니다. 여호수아와 갈렙이 그런 복을 받게 된 것은 그들이 입술로 고백한 그대로 하나님이 되게 해주셨기 때문입니다.

"내 귀에 들린 대로 행하리라"는 말씀을 평생의 좌우명으로 삼아 살아가므로 성경 속에만 살아 계신 하나님이 아니라 내 삶 속에서 살아 역사하시는 하나님을 체험하는 자가 되기를 우리 주 예수님의 이름으로 축원합니다.

"사람으로는 할 수 없으되 하나님으로는 그렇지 아니하니 하나님으로서는 다 하실 수 있느니라"(막 10:27).

"예수께서 이르시되 할 수 있거든이 무슨 말이냐 믿는 자에게는 능히 하지 못할 일이 없느니라"(막 9:23).

부정적인 말을 했던 회개기도

하나님!

10명의 정탐꾼의 부정적인 보고가 이렇게 이스라엘 백성들에게 크나큰 불행을 불러왔음을 깨닫게 해주셔서 감사합니다. 이스라엘 백성들은 10명의 정탐꾼의 말을 거부하지 않았고, 그 말을 자신들의 것으로 받아들였기 때문에 그렇게 되었음을 다시 한번 생각하게 되었습니다. 하오나 저 역시 지난날 어렵고 힘든 일을 만났을 때에 하나님을 신뢰하지 못했으며 불신앙적인 말을 했던 적이 있었습니다. 지난날 부정적인 말을 했던 죄를 회개하오니 용서하여 주시옵소서. 또한 저에게 들렸던 부정적인 말을 저의 것으로 받아들여 불신앙적인 모습을 보였던 잘못도 회개하오니 용서하여 주시기만을 기도하옵나이다.

이제부터는 제가 어떤 형편에 처한다 할지라도 믿음의 고백을 할 수 있도록 성령님이여 도와주시옵소서. 아울러 믿음의 말, 격려와 축복의 말, 칭찬의 말, 긍정적이고 소망적인 말을 할 수 있도록 저를 이끌어 주시옵소서.

예수님의 이름으로 기도하옵나이다. 아멘.

3.

장차 게바라 하리라

환경을 불러들이는 자아상

우리들은 내 속에 그려진 자아상을 따라 살아갑니다. 의식적이든 무의식적이든 내게 심겨진 자아상에 따라 생각을 하고, 말을 하고, 행동을 하게 됩니다. 용감한 자아상을 가지고 있으면 말과 행동도 용감해집니다. 그러나 소극적이고 비판적인 자아상을 가지고 있으면 소극적이고 비판적인 행동을 하게 되고, 거기에 걸맞은 환경을 또한 내 주변에 불러들이게 됩니다.

따라서 내 삶과 환경을 변화시켜 나가기 위해서는 무엇보다도 내 마음과 생각에 그려지는 자아상을 긍정적인 것으로 바꾸는 작업이 필요합니다. 부정적인 자아상을 가지고 있으면서 삶의 환경이 바뀌거나, 삶의 질이 개선되거나, 하나님의 복을 받아 성공적인 삶을 살아가기를 기대한다는 것은 어려운 일이기 때문입니다.

마치 그것은 가시나무에서 무화과나무 열매를 기대하는 것과 다를 바 없습니다. 따라서 건전한 자아상을 만드는 것은 결국 내가 말을 어떻게 하느냐에 달려 있습니다.

> "무릇 지킬 만한 것보다 더욱 네 마음을 지키라 생명의 근원이 이에서 남이니라"(잠 4:23).

반석과는 어울리지 않았던 베드로

예수님이 베드로를 처음 만나시는 장면이 요한복음 1장에 나오는데 예수님을 만나러 오는 베드로를 보시자 예수님이 말씀하신 첫 마디가 무엇이었습니까?

> "예수께서 보시고 이르시되 네가 요한의 아들 시몬이니 장차 게바라 하리라(게바는 번역하면 베드로라)"(요 1:42).

예수님은 시몬을 보시자 "게바"라고 하셨습니다. 게바라는 말은 아람어이고, 헬라어로는 베드로, 우리나라 말로 해석하면 반석입니다. 예수님은 시몬을 베드로라고 부르셨는데 과연 시몬은 이름에 걸맞게 '베드로, 반석'이라고 불릴 만한 사람이었을까요? 아닙니다. 결코 그렇지 않았습니다. 베드로의 초반기 모습은 전혀 반석다운 모습을 보여주지 못했습니다. 좌충우돌, 어디로 튈지 몰랐고 게다가 다혈질적인 성격도 가지고 있었습니다.

예수님이 어느 날 파도가 일어나고 있는 갈릴리 바다 위를 걸어서 제자들이 타고 있던 배를 향해 가고 있었습니다. 예수님을 보자 제자들은 유령이라며 깜짝 놀랐지만 예수님은 "안심하라 나니 두려워하지 말라"(마 14:27)고 하셨습니다. 그러자 베드로는 "주여 만일 주님이시거든 나를 명하사 물 위로 오라 하소서"(마 14:28)라고 했습니다. 예수님이 그리하라고 하시자 베드로는 풍랑이 무섭게 일어나고 있는 갈릴리 바다 위를 걸어가는 기적을 체험했습니다. 하지만 그것도 잠시, 예수님을 바라보며 갔을 때는 문제가 없었지만 발밑에서 일어나고 있는 풍랑을 보자 두려움에 빠졌고, 그 순간 물속으로 빠져들기 시작했습니다. 그러자 베드로는 "소리 질러 이르되 주여 나를 구원하소서"(마 14:30)라며 부르짖었습니다. 예수님이 그의 손을 잡아 물 위로 올려주셨는데 그런 베드로를 향해 예수님이 무엇이라고 말씀하셨습니까?

"믿음이 작은 자여 왜 의심하였느냐"(마 14:31).

예수님을 향해 바다 위를 걸어 가고 싶었을 때의 마음이나, 풍랑이 일어나고 있는 바다 위를 걸어갈 때의 마음이나 한결같아야 했지만 그러지 못했습니다. 도리어 베드로는 의심을 했습니다. 의심이란 '믿지 못하거나 확실히 알 수 없어서 의아하게' 여기는 것을 말하는데 마음이 두 갈래로 나뉘어져 어찌할 바를 모르는 상태를 말합니다. 베드로는 어떤 때는 믿음의 행동을 보였다가 또 어떤 때는 쉽게 현실을 보면서 무너졌습니다.

이뿐이 아닙니다. 예수님이 십자가에 달려 돌아가시기 전에 잡혀 죽으실 것에 대해 말씀하시면서 "오늘 밤에 너희가 다 나를 버리리라"(마 26:31)고 하시자 베드로는 "모두 주를 버릴지라도 나는 결코 버리지 않겠나이다"(마 26:33)라며 호언장담을 했습니다. 하지만 베드로는 잠시 뒤 예수님을 모른다고 세 번이나 부인했고 심지어 저주까지 했었습니다. 이렇게 보면 베드로는 우리와 전혀 다를 바가 없는 사람이었습니다.

장차 게바라 하리라

그러나 예수님이 하신 말씀 가운데 아주 중요한 단어가 하나 나오는데 그것은 바로 '장차'라는 말입니다. "지금은 요동치고, 지금은 어쩔 줄 몰라 하고, 지금은 쉽게 연약하고, 흔들리고, 의심하고, 이랬다저랬다 하지만 너는 장차 반석이 될 사람이다. 너를 통해 엄청난 역사가 일어날 사람이다." 그의 미래를 보시며 격려해 주셨습니다. 예수님의 그 말은 시몬의 가슴속에 뿌리 박혀 점점 베드로(반석)로 변해 가게 만들었습니다.

따라서 현재의 내 모습을 보며 실망하고 좌절하는 말을 하지 마시기 바랍니다. 그 말을 내 안으로 끌어들여 나쁜 자아상이 뿌리내리게 하지 마시기 바랍니다. 다른 사람이 내게 대하여 평가하는 말에도 무게를 두지 마시기 바랍니다. 내가 옛날에 어떻게 살아왔는지, 과거에 사로잡히지도 말아야 합니다. 내 집안 형편이 어떠했는지, 그런 말에도 포로가 되지 마시기 바랍니다. 이미 과거는 지나갔고 다시 돌아오지 않습니다. 돌아오지 않는 과거에 발목이 잡혀 오늘을 능동적으로 살아가지 못하는 자가 되어서는 안 됩니다. 신자들은 과거지향적인 사람이 아니라 미래지향적인 사람입니다.

나는 앞으로 하나님의 은혜를 받을 자입니다. 장차 큰 복을 받을 자입니다. 성령님의 능력을 체험할 자입니다. 성령님의 충만함을 입어 장차 나를 통하여 하나님의 역사가 일어날 자입니다. 나는 장차 기도의 용사가 될 자입니다. 앞으로 사업이 번창될 자입니다. 지금은 자녀가 믿음생활을 잘하고 있지 않지만 장차 하나님의 은혜에 붙잡혀 하나님을 위해 사는 자녀로 바뀌게 될 날이 옵니다. 믿음 안에서 그런 자기긍정이 있어야 합니다.

실수도 있었지만 시몬을 다루어 베드로로 변화시켜 가시는 하나님의 손길을 보십시오. 사도행전 2장을 보면 오순절 성령강림 때 모였던 성도들이 다른 방언으로 말하기를 시작했습니다. 그러자 사람들은 성도들을 향해 술 취했다고 조롱했습니다. 베드로는 그 자리에서 일어나 우리가 술 취한 것이 아니라고 하면서 구약성경을 인용하여 십자가에 못 박혀 죽은 예수님이 바로 우리의 구원자라고 설교를 했습니다. 그러자 어떤 일이 일어났습니까?

"그 말을 받은 사람들은 세례를 받으매 이 날에 신도의 수가 삼천이나 더하더라"(행 2:41).

사도행전 3장에서 베드로는 기도하러 성전에 올라가다가, 구걸하던 자를 향해 "내게 있는 이것을 네게 주노니 나사렛 예수 그리스도의 이름으로 일어나 걸으라"(행 3:6)고 외치며 고쳐주었습니다. 예수님을 전한다는 이유로 감옥에 갇혔어도 조금도 흔들리지 않았습니다. 초대교회에 유대인의 편견을 깨트리고 선교가 이방인들에게 흘러갈 수 있도록 다리 역할을 했습니다. 게다가 신약성경 베드로전서와 베드로후서를 기록했습니다. 하나님은 그렇게 든든한 반석으로 시몬을 변화시켜 가셨습니다.

그렇다면 어느 날 내가 성령님께 사로잡혀 눈물, 콧물을 흘리며 통회자복하고 하나님의 은혜에 감격하면서 "주 예수님만이 나의 모든 것이 되십니다" 고백하는 그날이 올 것입니다. 하나님 앞에 쓰임받는 일꾼이 될 그날이 옵니다. 하나님이 내 자녀를 쓰실 그날이 옵니다. 내 남편을 사용하실 그날이 옵니다. 지금은 볼품없고, 나약하고, 넘어지기 잘하고, 변덕이 죽 끓듯 하는 것처럼 보여도 아닙니다. 하나님의 은혜가 머무는 그날이 옵니다.

땅 밑으로는 지하수가 흐르고 있습니다. 그런데 땅 위에서 관정을 통해 지하수 맥을 찾아 뚫으면 지하수가 땅으로 솟아오릅니다. 내가 어디에 있든 하나님이 나를 들어 쓰시고 세우십니다. 하나님은 광야에서 잊힌 사람으로 살았던 모세를 부르시고 쓰셨습니다. 알아주는 사람이 아무도 없는 들판에서 목동으로 양을 치던 다윗을 하나님은 쓰셨습니다. 드고아 목자였던 아모스를 하나님은 들어 쓰셨습니다.

도와주는 사람이 없다고 낙망하지 마십시오. 받쳐주는 뒷배가 없다고 실망하지 마십시오. 가진 것이 없다고 좌절하는 말을 하지 마시기 바랍니다. 경제적으로 어려움을 겪는다고 포기하는 말을 하지 마시기 바랍니다. 내가 가진 결점이 있다고 그것 때문에 주눅 들지 말고 나는 안 될 사람이라는 말을 입 밖에도 내지 마시기 바랍니다.

왜냐하면 나의 강력한 후원자는 하나님이시기 때문입니다. 하나님이 되게 해주시기 때문입니다. 하나님이 이루시기 때문입니다. 하나님이 훈련을 시켜 쓰시기 때문입니다. 누구나 다 약점을 가지고 있습니다. 약점이 없는 사람은 아무도 없습니다. 하나님은 내가 가진 약점마저도 쓰십니다. 따라서 하나님께 기도로 아뢰면서 현실을 딛고 일어서서 최선을 다해 살아가시면 됩니다. 나를 장차 게바로 변화시켜 써주실 것을 믿음으로 고백할 때 하나님이 주시는 감격의 그날이 찾아오게 될 줄 믿습니다.

죄도 나를 무너뜨릴 수 없다

　때론 베드로로 변화되어 가는 나를 죄가 넘어뜨리기도 합니다. 내가 지은 죄가 절망하게 만들고 처절한 실패자로 만들기도 합니다. 앞으로 나아가고자 하는 내 발목을 잡고 넘어지게 하면서 내 속에 일그러진 자아상을 가지게 하기도 합니다. 하나님 앞에서 얼굴을 들지 못하게 만들고, 사람 앞에서도 떳떳하지 못하게 만들기도 합니다. 그러나 그 어떤 죄라도 하나님은 예수님의 십자가를 통해서 다 용서해 주셨고 또 얼마든지 용서해 주십니다. 베드로는 예수님을 모른다고 부인했지만 예수님은 그의 죄를 용서해 주셨습니다. 내가 지은 죄를 통해 사탄이 나에게 수치심과 부끄러움을 가져다주고 나를 넘어지게 할 때마다 십자가 앞으로 나아가면 됩니다.

"여호와께서 말씀하시되 오라 우리가 서로 변론하자 너희의 죄가 주홍 같을지라도 눈과 같이 희어질 것이요 진홍 같이 붉을지라도 양털 같이 희게 되리라"(사 1:18).

죄를 지었다 할지라도 죄를 고백하면 예수님의 보혈로 씻어주시고 다시 제바로 나아가게 해주십니다. 그러므로 오직 예수님 안에서 사죄의 은총과 자유함과 평안함을 누리며 다시 앞을 향해 나아갈 수 있기를 바랍니다.

하나님은 문제 지향의 사람이 아니라 가능성 지향의 사람을 통해서 회복시키십니다. 우리의 미래 이력서를 써주시는 하나님께서 나를 앞으로 반석으로 사용해주실 것을 믿으시기 바랍니다. 그것을 마음에 소원으로 품고 기도하며 삶에 최선을 다하며 살아가셔서 내가 베드로처럼, 시몬이 베드로로 바뀌는 내일이 오기를 우리 주 예수님의 이름으로 축원합니다.

"그러나 너희는 택하신 족속이요 왕 같은 제사장들이요 거룩한 나라요 그의 소유된 백성이니 이는 너희를 어두운 데서 불러내어 그의 기이한 빛에 들어가게 하신 이의 아름다운 덕을 선포하게 하려 하심이라"(벧전 2:9).

낮은 자존감에 사로잡혔던 회개기도

하나님!

저는 제 자신을 보며 실망할 때도 있었습니다. 낙망할 때도 있었고 스스로 포기할 때도 있었습니다. 하나님의 능력을 믿지 못했기에 그랬던 죄를 용서하여 주시옵소서. 하지만 이제부터는 좌절하지 않겠습니다. 낙심하지 않겠습니다. 제 자신을 비하시키는 말도 하지 않겠습니다. 불신앙적인 말도 하지 않겠습니다. 긍정적인 사고를 회복해서 오직 하나님을 믿는 믿음의 말을 하고 그를 통해 저의 내면세계를 아름답게 만들어 가도록 하겠습니다. 축복하는 말, 감사하다는 말, 함께라서 행복하다는 말들을 하도록 하겠습니다.

때로 죄에 노출되어 죄를 짓기도 했지만 죄를 고백할 때 나를 위해 십자가에 달리신 예수님의 보혈로 죄 용서함을 받게 해주셔서 감사합니다.

여전히 나를 사랑하시는 하나님의 사랑을 확신하며 살아갈 수 있도록 저를 인도하여 주시옵소서. 장차 게바로 바뀌는 내일이 오게 하실 하나님을 찬양합니다.

예수님의 이름으로 기도하옵나이다. 아멘.

4.

사탄이 배후인,
비방(1)

비방이란

　야고보서 4장 11절 말씀에 "형제들아 서로 비방하지 말라 형제를 비방하는 자나 형제를 판단하는 자는 곧 율법을 비방하고 율법을 판단하는 것이라 네가 만일 율법을 판단하면 율법의 준행자가 아니요 재판관이로다"라고 했습니다. 여기에 쓰인 비방(κατ αλαλέω)이라는 말은 '대항하다'(κατα)라는 말과 '말하다'(λαλέω)라는 말이 합해서 이루어진 단어로 악의적인 의도를 가지고 말하는 것, 대항해서 말하는 것, 무시해서 말하는 것을 뜻합니다.

　《성경관용어사전》(생명의말씀사)에서는 비방이란 "적의를 가지고 말하는 뜻으로 타인의 인격과 명예를 훼손시키는 비난과 조롱과 모욕을 의미한다"라고 되어 있습니다. 따라서 비방은 상대방을 헐뜯고 비난해서 넘어뜨리기 위한 나쁜 의도라고 할 수 있습니다.

그렇다면 이 비방의 배후는 과연 누구일까요? 나일까요? 아니면 다른 제3자가 있는 것일까요?

하나님의 의가 된 나

하나님은 나의 죄 문제와 구원을 해결하기 위해 예수님을 이 땅에 보내셨고 십자가를 지게 하셨습니다.

"친히 나무에 달려 그 몸으로 우리 죄를 담당하셨으니 이는 우리로 죄에 대하여 죽고 의에 대하여 살게 하려 하심이라 그가 채찍에 맞음으로 너희는 나음을 얻었나니"(벧전 2:24).

이를 위해 하나님은 예수님을 죄로 삼으셨습니다. 나는 아무런 의가 없는 죄인이었지만 십자가를 지신 예수님을 통해 하나님은 나를 의로 여겨주시고, 하나님의 의가 되게 해주셨습니다.

"내가 가진 의는 율법에서 난 것이 아니요 오직 그리스도를 믿음으로 말미암은 것이니 곧 믿음으로 하나님께로부터 난 의라"(빌 3:9).

내가 다른 사람보다 조금 더 정직하고, 조금 더 진실하고, 조금 더 도덕적으로 선한 삶을 사는 것을 성경에서는 의라고 말하지 않습니다. 나는 하나님 앞에 그 어떤 의도 내어놓을 수 없습니다. 왜냐하면 나는 죄인이기 때문입니다. 오직 죄 없으신 예수님만이 의이십니다. 예수님이 십자가에 죽으신 목적 가운데 하나가 나를 하나님의 의가 되게 하려는 데 있었습니다.

"하나님이 죄를 알지도 못하신 이를 우리를 대신하여 죄로 삼으신 것은 우리로 하여금 그 안에서 하나님의 의가 되게 하려 하심이라"(고후 5:21).

그래서 하나님의 의는 예수님이고, 그 예수님 때문에 나는 하나님의 의가 되었습니다. 그리고 예수님은 십자가 죽음과 부활을 통해 나의 구원을 완성하신 다음 나와 함께하시기 위해 성령님을 보내셨습니다.

"내가 떠나가는 것이 너희에게 유익이라 내가 떠나가지 아니하면 보혜사가 너희에게로 오시지 아니할 것이요 가면 내가 그를 너희에게로 보내리니 그가 와서 죄에 대하여, 의에 대하여, 심판에 대하여 세상을 책망하시리라"(요 16:7-8).

4. 사탄이 배후인, 비방(1)

내 영에 계신 성령님

예수님이 보내신 성령님은 오순절 성령강림을 통해 내 영에 오셨습니다.

"그는 진리의 영이라 세상은 능히 그를 받지 못하나니 이는 그를 보지도 못하고 알지도 못함이라 그러나 너희는 그를 아나니 그는 너희와 함께 거하심이요 또 너희 속에 계시겠음이라"(요 14:17).

그리고 성령님은 내 영에서 예수님을 나의 구주로 고백할 수 있게 해주셨습니다. 성령님에 의해 나는 거듭난 자가 되었습니다. 거듭난 그 순간이 바로 죽었던 내 영이 살아난 순간이요, 예수님이 내 영에 임하신 순간이요, 내 영에 영적 생명이 탄생한 순간입니다. 그것을 가리켜 거듭남, 영생을 얻음, 구원받음이라고 합니다. 그리고 하나님의 생명이 내 영에 거함으로 나는 그리스도의 사람이 되었습니다.

> "만일 너희 속에 하나님의 영이 거하시면 너희가 육신에 있지 아니하고 영에 있나니 누구든지 그리스도의 영이 없으면 그리스도의 사람이 아니라 또 그리스도께서 너희 안에 계시면 몸은 죄로 말미암아 죽은 것이나 영은 의로 말미암아 살아 있는 것이니라"
> (롬 8:9-10).

이렇게 성경에서는 내 영에 성령님이 거하신다고 분명하게 말씀하고 있습니다. 성령님은 저 하늘에 계시다가 내가 기도하면 내게 오셔서 기도를 들으시고, 다시 떠나가는 그런 분이 아닙니다. 성령님은 내 속사람 안에 계셔서 예수님을 내 마음에 영접할 수 있도록 해주셨습니다. 그리고 내 영에 계시면서 기도하실 수 있도록 힘을 주십니다. 나와 동행하시면서 깨닫게 해주십니다. 책망도 하시고, 위로도 하시며 이끌어 주시기도 하십니다. 그리고 나에게 말씀하십니다. 그래서 내 영은 그리스도가 사시는 집입니다.

> "너희는 믿음 안에 있는가 너희 자신을 시험하고 너희 자신을 확증하라 예수 그리스도께서 너희 안에 계신 줄을 너희가 스스로 알지 못하느냐 그렇지 않으면 너희는 버림받은 자니라"(고후 13:5).

우리들은 예수님이 내 영에 계심을 분명히 알고 있어야 하고 믿고 있어야 합니다. 그런데도 그것을 믿지 못한다면, 이것을 받아들이지 않는다면, 이것을 알지 못한다면 버림받은 자라고 했습니다. 하나님과 상관없는 자입니다. 예수님이 내 영에 계심을 믿고 받아들이는 것, 그것이 바로 믿음입니다. 그 믿음을 통해 예수님이 내 영에 계시니 예수님과 나는 하나입니다.

"주와 합하는 자는 한 영이니라"(고전 6:17).

예수님으로 사는 삶

이렇게 성령님이 내 영에 오셔서 나와 하나가 되게 하시고, 하나님의 의가 되게 하신 이유는 나로 하여금 예수님과 동행하는 삶을 살아가도록 하기 위해서입니다.

"예수께서 우리를 위하여 죽으사 우리로 하여금 깨어 있든지 자든지 자기와 함께 살게 하려 하셨느니라"(살전 5:10).

하나님의 의이신 예수님이 내 영에 들어와 내 속에 사시니 나는 분명히 주 예수님의 사람이요, 성령님과 동행하는 사람입니다. 하나님은 예수님과 내가 하나가 되어 예수님으로 살아가게 하셨습니다. 내가 예수님과 하나가 되어 예수님으로 사는 것이 바로 하나님이 원하시는 삶이요 그것이 성숙한 그리스도인의 삶입니다. 그래서 바울은 이렇게 고백을 했습니다.

"내가 그리스도와 함께 십자가에 못 박혔나니 그런즉 이제는 내가 사는 것이 아니요 오직 내 안에 그리스도께서 사시는 것이라 이제 내가 육체 가운데 사는 것은 나를 사랑하사 나를 위하여 자기 자신을 버리신 하나님의 아들을 믿는 믿음 안에서 사는 것이라"(갈 2:20).

내가 그리스도와 함께 십자가에 못 박혔고, 이제 내가 육체 가운데 사는 것은 나를 위하여 자신을 버리신 하나님의 아들을 믿는 믿음 안에서 사는 것이 믿음입니다. 하나님은 그런 나를 통해 성령님의 열매가 나타나기를 원하십니다.

"오직 성령의 열매는 사랑과 희락과 화평과 오래 참음과 자비와 양선과 충성과 온유와 절제니 이같은 것을 금지할 법이 없느니라"(갈 5:22-23).

따라서 내 영에 성령님이 계신다는 것을 믿는다면, 내가 예수님과 하나 되어 살아간다는 것을 믿는다면, 예수님이 나의 구주이심을 믿고 고백하며 신앙생활을 하는 자라면, 내 영이 그리스도께서 사시는 집이라는 것을 믿는다면, 그런 내가 어찌 비방을 쏟아낼 수 있겠습니까? 그런 내가 어찌 비난을 쏟아낼 수 있겠습니까? 그런 내가 어찌 헐뜯는 말을 내뱉을 수 있겠습니까? 그런 내가 어찌 아무런 거리낌 없이 부정적인 말을 할 수 있겠습니까? 그런 내가 어찌 지적하고, 남을 깎아내리고, 불평, 불만이 섞인 말을 할 수 있겠습니까? 그런 내가 어찌 원망과 불신앙적인 말들을 쏟아낼 수 있겠습니까? 그런 내가 어찌 분노를 폭발시키면서 험담과 모욕하는 말을 할 수 있겠습니까? 그런 내가 어찌 기도해도 안 되더라는 말을 할 수 있겠습니까? 그런 내가 어찌 바가지를 긁으며 짜증을 내고, 가족들의 마음을 아프게 하는 말을 할 수 있겠습니까?

내 영에 분명히 예수님이 나의 주인으로 사신다고 고백하지 않았습니까? 그것을 믿음이라고 고백하지 않았습니까? 예수님과 나는 하나라고 하지 않았습니까? 나는 십자가에 못 박혀 죽었고, 이제는 내가 사는 것이 아니라 내 안에 예수님이 사신다고 시인하지 않았습니까? 성경에서 그렇게 말씀하고 있다는 것을 확인하지 않았습니까? 그런데도 자녀들이나 아내나 남편이나 성도들에게 폭언을 쏟아낸다면, 비방을 쏟아낸다면, 심한 바가지를 긁어댄다면, 예산 때문에 할 수 없다고 말하면서 어떤 일을 중지시켜 버린다면 그것은 내 영에 계신 성령님을 근심하게 하는 것이요, 예수님의 마음을 아프시게 하는 것이 됩니다. 나아가 그것은 예수님이 나의 주인이 아니라 내가 주인이 되어 있다는 것을 보여주는 것이 됩니다. 또한 내 영이 성령님의 통제하에 있는 것이 아니라, 악한 영의 일에 내가 동조하고 협력하고 있다는 것을 인정하는 것이 됩니다. 욥의 아내가 그것을 잘 보여주고 있습니다.

욥의 아내

어느 날 하나님이 사탄 앞에서 욥을 칭찬했습니다.

"네가 내 종 욥을 주의하여 보았느냐 그와 같이 온전하고 정직하여 하나님을 경외하며 악에서 떠난 자는 세상에 없느니라"(욥 1:8).

그러자 사탄은 이렇게 욥을 헐뜯었습니다.

"여호와께 대답하여 이르되 욥이 어찌 까닭 없이 하나님을 경외하리이까 주께서 그와 그의 집과 그의 모든 소유물을 울타리로 두르심 때문이 아니니이까 주께서 그의 손으로 하는 바를 복되게 하사 그의 소유물이 땅에 넘치게 하셨음이니이다 이제 주의 손을

4. 사탄이 배후인, 비방(1)

펴서 그의 모든 소유물을 치소서 그리하시면 틀림없이 주를 향하여 욕하지 않겠나이까"(욥 1:9-11).

하나님은 사탄에게 욥의 자녀들과 물질을 칠 수 있도록 허락해 주셨습니다. 하나님의 허락이 떨어지자 사탄이 욥의 자녀들과 물질을 치기 시작했는데 한순간에 욥의 자녀들 10명이 모두 죽었고, 그 많던 재산은 다 날아갔으며 알거지가 되고 말았습니다. 그런 형편이라면 하나님을 향해 원망할 만한데도 욥은 그 어떤 원망, 불평을 하지 않았습니다.

그러자 사탄은 다시 이런 말을 했습니다.

"이제 주의 손을 펴서 그의 뼈와 살을 치소서 그리하시면 틀림없이 주를 향하여 욕하지 않겠나이까"(욥 2:5).

하나님은 이번에는 사탄에게 욥의 몸을 칠 수 있도록 허락해 주셨습니다. 단 그의 생명에는 손을 대지 말라고 하셨습니다. 사탄이 욥을 치자 발바닥에서 정수리까지 종기가 나서 고통 가운데 신음하게 되었습니다. 너무나 가려워서 질그릇 조각을 가져다가 아픈 곳을 긁어야 할 지경이었습니다. 사탄은 그런 지경에 떨어진 욥이 하나님을 향해 욕하기를 얼마나 바랐는지 모릅니다. 사탄이 거듭해서 두 번이나 그런 말을 하지 않았습니까? "주를 향하여 욕하지 않겠나이까" 그러나 욥은 그러지 않았습니다. 하나님께 대하여 그 어떤 서운한 감정도 드러내지 않았습니다. 그랬더니 사탄은 드디어 비장의 카드를 빼 들었는데 그것은 가장 가까운 욥의 아내였습니다.

"그의 아내가 그에게 이르되 당신이 그래도 자기의 온전함을 굳게 지키느냐 하나님을 욕하고 죽으라"(욥 2:9).

물론 아내의 입장도 충분히 이해는 갑니다. "남편이 지금까지 하나님을 섬기며 살았는데, 하나님이 어찌 우리에게 이렇게 하실 수 있다는 말인가? 하나님이 물질을 다 가져가신 것도 모자라 그 많던 자녀들, 단 한 명도 남겨두지 않고 데려가시다니 이러실 수가 있는가? 남편의 몸에는 악창이 나서 산송장과 다를 바가 없는 형편인데, 이것이 과연 믿음으로 살았던 결과란 말인가? 우리가 무슨 큰 잘못을 저질렀다고 하나님이 우리에게 이렇게 대우하시는가?" 그런 마음이 들었기에 남편을 향해 "하나님을 욕하고 죽으라"고 했던 것입니다.

이럴 때 아내가 "우리가 지금까지 하나님의 은혜로 살았으니 이런 형편이 되었다 해도 감사합니다. 걱정하지 마세요. 언제나 나는 당신 편입니다" 이렇게 했다면 얼마나 좋았겠습니까? 하지만 사탄이 그렇게 바랐던 것, 욥이 '하나님을 향해 욕하는 것'이 욥의 아내의 입에서 똑같이 쏟아져 나왔고, 거기에 한 걸음 더 나아가 죽으라는 말까지 덧붙였습니다.

욥의 아내가 한 말은 엄청난 고통과 시련을 당하고 있는 남편에게 퍼부은 바가지요 하소연이요 푸념인 것이 맞습니다. 하지만 그럼에도 불구하고 사탄은 욥의 아내의 입을 통해서라도 욥의 신앙을 꺾어보려고 했었습니다. 이런 지경에까지 이르렀는데도 하나님을 신뢰하는 남편의 모습이 너무나 바보 같아 보여 비방을 퍼부었던 것입니다. 그것은 육적으로 보면 욥의 아내가 한 말이었지만 사탄은 욥의 아내의 그런 성향과 성격과 기질과 감정을 적절하게 이용해서 욥을 비방함으로 욥의 감정을 자극하려고 했었습니다. 그래서 욥의 신앙을 무너뜨리려고 했었고, 하나님을 향해 욕하기를 바랐습니다. 결국 욥의 아내는 자신의 혀를 절제하지 못해 바가지를 긁었지만 사탄이 쓰는 도구로 이용되었음을 부인할 수 없습니다. 이런 점에서 그동안 우리가 쏟아내었던 비방의 배후 정체는 바로 사탄이라는 것을 알 수 있습니다.

여우가 올라가도 무너지리라

느헤미야 4장에 나타난 경우도 그렇습니다. 느헤미야가 유대의 총독으로 부임하고 난 다음에 예루살렘 성벽 재건운동을 벌였습니다. 성벽은 에스라의 주도하에 재건되었던 성전을 안전하게 보호하는 역할을 했습니다. 또한 하나님의 백성들을 안전하게 지켜주는 방어막 기능도 했었기 때문에 매우 중요한 공사였습니다. 그런데 도비야를 비롯한 산발랏의 추종자들은 느헤미야와 이스라엘 백성들을 향해 비방을 퍼부었습니다.

"그들이 건축하는 돌 성벽은 여우가 올라가도 곧 무너지리라 하더라"(느 4:3).

아무리 날림공사요 부실공사라 하더라도 여우가 성벽 위에 올라간다고 무너지겠습니까? 공격 무기를 동원해서 오랫동안 공격을 해야 무너트릴 수 있습니다. 그런데도 여우가 올라가도 무너진다고 했으니 그것은 조롱의 말이요 성벽을 재건하는 유대 백성들의 마음을 상하게 해서 의지를 꺾어버려 성벽 재건공사를 중단시키려고 했었던 악한 의도였습니다. 왜냐하면 그런 비방을 통해 이스라엘 백성들을 낙심하게 만들어 하나님의 구원역사를 무너뜨리려고 했었기 때문입니다.

그렇다면 비방과 조롱과 멸시와 무시하는 말들은 결단코 내 영에 계신 예수님이 하시는 것이 아니라 사탄이라는 것이 분명합니다. 그것은 성령님의 역사를 이루는 것이 아닙니다. 그런 비방의 말을 한 것은 내가 그것에 동의했고, 동조했기 때문에 내 책임에 속합니다. 그러므로 성령님과 동행하는 자라면, 내 영에 성령님이 거하시는 것을 믿고 받아들인 자라면, 내 입술에서 비방이 나가지 않도록 해야 하는 것은 너무나도 당연한 일입니다. 내 의지를 가지고 그것을 버려야 합니다.

"무릇 더러운 말은 너희 입 밖에도 내지 말고 오직 덕을 세우는 데 소용되는 대로 선한 말을 하여 듣는 자들에게 은혜를 끼치게 하라 하나님의 성령을 근심하게 하지 말라 그 안에서 너희가 구원의 날까지 인치심을 받았느니라 너희는 모든 악독과 노함과 분냄과 떠드는 것과 비방하는 것을 모든 악의와 함께 버리고"(엡 4:29-31).

나아가 내가 그런 비방의 화살을 맞았을 때 나 자신을 지키지 못해 무너진다면 이 또한 사탄이 기뻐하는 일이 되는 것입니다. 사탄은 그런 비방을 통해 가정과 교회가 지옥 같은 곳이 되게 합니다. 이런 사탄의 심리전에 말려들지 말아야 합니다. 비방은 분열을 일으키고, 씻을 수 없는 상처를 남기고 의욕을 잃어버리게 해서 나도 죽고 남도 죽이게 만들기 때문입니다.

5.

사탄이 배후인,
비방(2)

허물을 돌리지 않기를 원하노라

어느 성도가 몸이 아파서 병원에 입원을 했습니다. 그런데 병문안을 간 성도들이 아무런 생각 없이 이런 말을 해버리고 말았답니다. "집사님! 집사님이 이렇게 아파서 입원을 한 것을 보니 아마도 회개할 게 많은가 보다. 이 기회에 하나님 앞에 회개할 것이 없는지 잘 생각해 보면 좋겠네! 하나님께 순종하지 않은 것 때문에 입원하게 된 것은 아닌가, 그런 생각이 드네!" 이것은 성도를 살리는 말이 아닙니다. 물론 내가 지은 죄가 있어서 하나님이 징계하시는 경우가 있습니다. 하지만 하나님은 내가 죄를 짓는 그 순간만을 지켜보시다가 "이놈! 혼나 봐라!" 하시면서 벌을 내리시는 그런 율법적인 분이 아니십니다.

하지만 그런 말은 내 속으로 파고듭니다. 그래서 '내가 이렇게 입원한 이유는 하나님께 불순종해서 그런 것은 아닌가? 혹시 내가 죄를 지은 것이 있어서 이런 벌을 받는 것은 아닌가?' 하면서 그런 방향으로 생각을 하게 되고, 그러다 보면 자책감과 자기학대의 수렁에 점점 깊이 빠져들어 가게 됩니다. 과연 이것이 하나님이 원하시는 것일까요? 아닙니다.

> "주께서는 용서하시는 하나님이시라 은혜로우시며 긍휼히 여기시며 더디 노하시며 인자가 풍부하시므로 그들을 버리지 아니하셨나이다"(느 9:17).

요한복음 9장을 보면 예수님이 길을 가실 때 날 때부터 맹인이 된 사람을 보셨습니다. 예수님의 제자들은 "이 사람이 맹인으로 난 것이 누구의 죄로 인함이니이까 자기니이까 그의 부모니이까"(요 9:2)라며 물었습니다. 그러자 예수님은 "이 사람이나 그 부모의 죄로 인한 것이 아니라 그에게서 하나님이 하시는 일을 나타내고자 하심이라"(요 9:3)고 하셨습니다. 죄 때문이 아니라고 했습니다. 도리어 긍정적으로, 소망적으로 보시면서 하나님의 하시는 일이 있다고 하셨고 그러시고는 맹인을 고쳐주셨습니다. 어려움을 만났을 때 제자들처럼 죄를 찾으려고 하지 말아야 합니다. 어떤 불상사를 만났다 하더라도 긍정적으로 생각하고 믿음으로 감당해 나가는 삶의 자세가 필요합니다.

성령님은 입원한 그 성도를 향해 이렇게 말하기를 원하시지 않을까요? "하나님이 건강을 회복시켜 주실 것이라 믿습니다. 살아가다 보면 병원에 입원할 때도 있습니다. 그러니 너무 걱정하지 마세요. 우리가 함께 기도하면서 잘 이겨냅시다." 그런 말을 들은 성도는 고통 중에서 감격하며 가슴이 뜨거워짐을 느끼게 될 것입니다.

신앙생활을 하고 있던 교회에서 다른 교회로 옮겼는데 어느 날 경미한 교통사고를 당했습니다. 그러면 이전에 다니던 교회의 목사님과 성도들이 이런 비방을 할 때가 더러 있습니다. 그것 보라고, 교회를 옮기니 하나님이 그렇게 치시지 않느냐고, 주의 종의 마음을 아프게 하고 떠나니 하나님이 벌을 내리셨다고 말입니다.

그런 말을 전해들은 당사자의 마음은 아프다 못해 쓰립니다. 과연 내가 다른 교회로 옮겼다고 하나님이 벌을 내리시는 것일까요? 그렇게 비방을 하는 의도가 무엇이겠습니까? 그런 사건을 극대화시켜서 '나도 이 교회를 떠났다가는 저분처럼 교통사고를 당하게 될까봐 두렵다!' 하는 생각을 가지게 해서 성도들의 이탈을 막으려고 하는 것이 아니겠습니까? 또한 목사인 자신에게 함부로 대하면 그렇게 될 수 있다는 무언의 압력이 담겨 있는 것은 아니겠습니까? 그런 부정적인 시각이 우리에게는 너무 깊게 깔려 있습니다.

우리는 교회의 주인은 예수님이라고 믿고 고백합니다. "이 반석 위에 내 교회를 세우리니"(마 16:18)라고 했습니다. 교회가 누구의 것입니까? 목회자의 것도 아니고 성도의 것도 아닙니다. 아무리 내가 개척을 해서 수많은 성도들이 모였다고 해도 그것은 내 교회가 아닙니다. 내가 주인 행세하면 안 됩니다. 오직 예수님이 주인이십니다. 그렇다면 이 교회만이 예수님이 주인이시고 다른 교회는 예수님이 주인 아니십니까? 그렇지 않다는 것을 우리는 잘 알고 있지 않습니까? 목사님과 성도들의 신앙 가치관과 내 신앙의 결이 다르다면 얼마든지 다른 교회로 옮겨서 신앙생활을 할 수 있습니다. 갈등 때문에 신앙생활을 제대로 할 수 없는 것보다 내 영이 살 수 있는 곳으로 옮겨 믿음생활을 잘할 수 있다면 그것은 바람직한 일입니다. 이런 점에 있어서 자유할 수 있기를 바랍니다. 그런데도 "주의 종의 마음을 아프게 하고 떠나가니 하나님이 벌을 내리셨다"는 말을 한다면 그것은 정말 위험한 발상이라 아니할 수 없습니다. 성경을 아무리 뒤져봐도 그렇게 말을 하는 곳이 나오지 않기 때문입니다. 바울의 고백을 들어보십시오.

"내가 처음 변명할 때에 나와 함께 한 자가 하나도 없고 다 나를 버렸으나 그들에게 허물을 돌리지 않기를 원하노라"(딤후 4:16).

바울은 자기 곁을 떠나간 사람들을 향해 "주의 종의 마음을 아프게 한 자들"이라는 말을 하지 않았습니다. 그들에게 허물을 돌리지도 않았습니다. 바울이 그렇게 처신을 했다면 나는 어떻게 해야 하겠습니까? 교통사고를 당한 그분을 찾아가서 위로하면서 "다른 교회에 가서 신앙생활 잘하시니 감사합니다. 제가 부족해서 영적으로 채워주지 못해 미안합니다. 이런 경미한 사고는 언제든지 우리에게도 일어날 수 있는 일이니 걱정하지 마세요. 빨리 회복될 수 있을 것입니다" 이렇게 격려를 해주고, 축복기도를 해주는 것이 성숙한 신앙인의 자세입니다.

성도들이 모여서 남을 비방하면 '이것이 사탄의 역사로구나' 알고 중단할 수 있어야 합니다.

어느 교회에서 성도들끼리 관광버스를 타고 온천에 갔습니다. 목욕을 마치고 돌아오는 차 안에서 "누가 어땠대. 누가 어땠대" 비방하기 시작했습니다. 그러자 집사님 한 분이 일어나서는 "집사님들! 이것은 사탄이 기뻐할 일입니다. 우리가 여기까지 와서 이런 말을 해서야 되겠습니까? 그러지 맙시다"라고 했습니다. 그랬더니 다른 분들은 "자기 혼자 잘난 척한다"면서 입을 삐죽거리더랍니다. 그런데 잘 나가던 관광버스가 난간을 들이받았고 언덕으로 굴러떨어지는 교통사고가 발생하고야 말았습니다. 다행히 목숨들은 건졌지만 비방하는 순간에 사탄이 그 자리에 역사한다는 것을 알게 되었고 회개를 했다고 합니다.

이런 점에서 그동안 사탄에게 속아 비방했던 잘못을 회개하시기 바랍니다. 그리고 내 마음을 장악해서 비방하게 했던 악한 영들을 향해 "우리 주 예수님의 이름으로 명하노니 내게서 떠나갈지어다" 이렇게 선포하시기 바랍니다.

철 연장 소리가 들리지 아니하였으며

열왕기상 6장 7절을 보면 이런 말씀이 나옵니다.

"이 성전은 건축할 때에 돌을 그 뜨는 곳에서 다듬고 가져다가 건축하였으므로 건축하는 동안에 성전 속에서는 방망이나 도끼나 모든 철 연장 소리가 들리지 아니하였으며"(왕상 6:7)

솔로몬이 성전을 지을 때의 이야기인데 이 성전이 보여주고자 했던 것은 바로 신약에 오실 예수님이고, 예수님이 내 영에 거하시니 그곳이 바로 성전입니다.

"너희가 하나님의 성전인 것과 하나님의 성령이 너희 안에 거하시는 것을 알지 못하느냐"(고전 3:16).

그런데 성전이 건축되는 동안 방망이나 도끼나 다른 철 연장 소리가 밖으로 들리지 않았다고 했습니다. 왜냐하면 돌을 뜨는 곳에서 성전 건축 재료들을 다듬어 왔기 때문입니다. 그래서 성전을 지을 때 성전 안에서는 그 어떤 소리도 밖으로 들리지 않았습니다.

그렇다면 내가 예수님의 사람으로 살아간다면 나 역시 내 속에서부터 밖으로 큰 소리를 내거나, 다투거나, 비방하는 말을 해서는 안 됩니다. 왜냐하면 내 안은 성령님이 거하시는 성전이기 때문입니다. 나에게서부터 소리가 밖으로 나가지 않아야 다른 사람에게서도 소리가 나지 않게 됩니다. 그러나 내 안의 성전에서부터 소리가 밖으로 나간다면 다른 사람으로부터는 더 큰 소리가 들려오게 됩니다. 이를 위해 솔로몬 성전을 건축할 때 건축 재료가 성전 밖에서부터 잘 다듬어져 사용되었듯이 하나님이 다루시는 손길에 나를 놓아두시기 바랍니다. 깨어짐의 과정을 거쳐서 내 안에서부터 그 어떤 소리도 밖으로 나가지 않도록 해야 합니다. 모세를 보십시오.

비방 앞에서 잠잠했던 모세

"모세가 구스 여자를 취하였더니 그 구스 여자를 취하였으므로 미리암과 아론이 모세를 비방하니라 그들이 이르되 여호와께서 모세와만 말씀하셨느냐 우리와도 말씀하지 아니하셨느냐"(민 12:1-2).

아마도 모세의 아내였던 십보라가 먼저 세상을 떠났고 그래서 모세가 재혼을 했는데 그 여자가 바로 구스 여자였을 것입니다. 그런데 미리암과 아론이 그것을 트집을 잡아 모세를 향해 비방하기 시작했는데 실상은 모세가 이방 여자를 아내로 취했기 때문만은 아니었습니다. 하나님께서는 모든 이방 여인들과의 결혼을 금지시킨 것은 아니었고 더구나 하나님께서 결혼을 금지시킨 부족들 중에 구스 족은 들어 있지도 않았습니다. 이들이 모세를 비방하게 된 것은 다른 이유가 있었기 때문입니다.

미리암과 아론은 자신들도 모세처럼 하나님과 대화한 사실을 내세우면서 자신들의 권위를 모세와 같이 세우려고 했습니다. 이 기회에 모세를 깎아내린 뒤 자신들의 입지를 높이려는 의도가 숨어 있었습니다. 모세는 이때에 아론과 미리암이 과거에 잘못했던 일들을 들추어내면서 "나는 그때 당신들을 그렇게 대하지 않았는데 나에게 이럴 수 있느냐? 우리들은 형제인데 왜 이러느냐?" 그런 말을 하지 않았습니다. 모세는 자신을 향해 비방하는 소리에 대항하지 않았습니다. 모세는 잘 다듬어진 성전 재료가 되어 자신의 밖으로는 그 어떤 비방과 비난의 소리도 내지 않았습니다. 그러자 하나님이 뭐라고 말씀하셨습니까?

"여호와께서 이 말을 들으셨더라"(민 12:2).

비방을 하고, 다른 사람을 헐뜯는 말을 쏟아낼 때, 의지를 꺾어 버리는 말을 할 때, 하나님은 다 듣고 계십니다. 따라서 비방하는 말을 하지 말아야 하지만 또한 비방의 말을 들었을 때에는 모세처럼 자신을 하나님 앞에 내려놓을 수 있어야 합니다. 나에게 행한 대로 되갚으려고 하지 말아야 합니다. 도리어 기도하면서 하나님이 위로해 주시기만을 간구할 때 성령님이 나를 위로해 주시고 어루만져 주시는 은혜를 체험하게 될 줄 믿습니다.

창을 던지지 않았던 다윗

다윗을 보십시오. 사울 왕은 다윗의 장인이었지만 민심이 다윗에게로 돌아서자 왕권에 위협이 된다는 생각이 들어 사위 다윗을 죽이려고 다윗을 향해 창을 집어던졌습니다. 그러나 다윗은 사울이 던진 창을 집어 들어 사울을 향해 던지지 않았습니다. 도리어 던져진 창 앞에서 피했습니다. 그리고 나중에는 도망자 신세가 되어 도망을 다녔습니다. 사울을 죽일 기회가 있었지만 죽이지 않았고 하나님의 손에 자신을 맡겼습니다. 결국 하나님이 다윗을 왕으로 세우신 것을 우리가 잘 알고 있지 않습니까?

"그가 저주하기를 좋아하더니 그것이 자기에게 임하고 축복하기를 기뻐하지 아니하더니 복이 그를 멀리 떠났으며 또 저주하기를 옷 입듯 하더니 저주가 물 같이 그의 몸 속으로 들어가며 기름 같이 그의 뼈 속으로 들어갔나이다"(시 109:17-18).

다른 사람들이 "너도 그 사람이 너에게 행한 대로 그렇게 비방하라"고 할 때, 우리는 눈물을 삼키고 비방으로 맞서지 말아야 합니다. 그 사람을 향해 창을 던지지 말아야 합니다. 예수님은 피를 흘리시면서 "저들을 사하여 주옵소서 자기들이 하는 것을 알지 못함이니이다"(눅 23:34)라고 하셨습니다. 하나님은 내가 창던지기 선수가 되는 것을 원치 않으십니다. 도리어 예수님처럼 창에 찔릴지언정 용서하기를 원하십니다. 비방을 하나님이 내게 주신 잔으로 생각하고 그 잔을 마시기를 원하십니다. 그럴 때 자기 깨어짐을 통해 영적으로 성숙해지는 자가 됩니다.

서로 사랑하라

　내게 고통으로 다가온 현실이 십자가입니다. 그것을 지면 내 자아가 죽고 영적인 세계가 열립니다. 내가 판단하고, 비방하고, 정죄했던 사람들이 바로 내가 섬겨야 할 대상이요, 사랑의 대상입니다. 나는 죽고 예수님으로 살면 됩니다. 사랑이 제일이라고 여기면 모든 문제는 풀어집니다. 봉사보다도, 기도보다도 더 시급한 것은 내 영에 계신 예수님을 통해 며느리를 사랑하는 것입니다. 중풍으로 고생하는 남편을 주님 섬기듯이 섬기는 일입니다. 아들, 딸을 주님을 대하듯 십자가를 지고 사랑하는 일입니다. 회사를 주님을 섬기듯이 최선을 다해 충성하는 일입니다. 가게에 온 손님을 예수님처럼 섬겨드리는 일입니다. 거기가 내 영성 훈련 장이요, 예배의 장소요, 나를 살아 있는 제물로 드리는 헌신의 장소입니다.

내가 예수님을 믿는 사람이라고 떳떳하게 말할 수 있는 증거는 다른 것이 아닙니다. "나는 기도하는 사람입니다. 이런 영적인 체험을 한 사람입니다. 하나님의 복을 받은 사람입니다. 이렇게 하나님을 위해 헌신하는 사람입니다." 이렇게 말할 수도 있겠지만 예수님은 모든 사람이 "저 사람! 예수님을 믿는 사람이다"라고 할 수 있는 증거는 바로 사랑이라고 했습니다.

"새 계명을 너희에게 주노니 서로 사랑하라 내가 너희를 사랑한 것 같이 너희도 서로 사랑하라 너희가 서로 사랑하면 이로써 모든 사람이 너희가 내 제자인 줄 알리라"(요 13:34-35).

내가 너를 얼마나 사랑하는데

　제가 아는 청년이 있었는데 이 청년은 교회에 오랫동안 다녔지만 매사에 부정적이고 공격적이었고 비방하는 것이 입에 붙어 있었습니다. 청년회 일을 할 때에도 늘 제동을 걸고 안 되는 쪽으로만 발언을 했습니다. 그 교회 전도사님이 청년회를 지도하게 되었는데 그 청년 때문에 많은 어려움을 겪었습니다. 그러던 중 한번은 청년회에서 산상 기도회를 가서 통성기도를 하게 되었습니다. 모두들 기도하고 있었는데 그 청년도 머리를 숙이고 기도를 했습니다. 기도를 하시던 전도사님이 갑자기 그 청년에게 다가가서는 안고 울기 시작했습니다. 그리고는 "하나님! 이 청년을 사랑할 수 있게 해주옵소서, 용서할 수 있게 해주시옵소서!" 이렇게 기도했습니다. 그리고 그 청년의 이름을 부르면서 "너는 내 마음을 왜 그렇게 몰라주느냐? 내가 너를 얼마나 좋아하는지 너 진짜 모르느냐?" 그러면서 그 청년을 안고 울었습니다. 전도사님의 눈에서 흐르는 눈물이 그 청년의 얼굴에 떨어지기 시작했습니다. 그러자 그렇게 비판적이던 청년도 함께 울기 시작했습니다. 그날 기도회는 모두 눈물 바다를 이루었고 나중에 그는 변화된 모습으로 적극적으로 전도사님을 도와 청년회를 이끌어 나갔다고 합니다.

이해인 수녀가 쓴 《사계절의 기도》(분도출판사)라는 책 가운데 나오는 〈말을 위한 기도〉라는 시는 우리 자신을 다시 돌아보게 만듭니다.

참으로 아름다운 언어의 집을 짓기 위해
언제나 기도하는 마음으로
도를 닦는 마음으로 말을 하게 하소서
언제나 진실하고
언제나 때에 맞고
언제나 책임 있는 말을
갈고 닦게 하소서

내가 이웃에게 말을 할 때에는
하찮은 농담이라도
함부로 내뱉지 않게 도와주시어
좀 더 겸허하고

좀 더 인내롭고

좀 더 분별 있는

사랑의 말을 하게 하소서

이제 우리의 입술에서 비방을 멈추고 축복의 말을 함으로 영적으로 더욱더 성숙해지고 영성이 깊어지는 그리스도인들이 되기를 바랍니다.

"내 사랑하는 자들아 너희가 친히 원수를 갚지 말고 하나님의 진노하심에 맡기라 기록되었으되 원수 갚는 것이 내게 있으니 내가 갚으리라고 주께서 말씀하시니라 네 원수가 주리거든 먹이고 목마르거든 마시게 하라 그리함으로 네가 숯불을 그 머리에 쌓아 놓으리라 악에게 지지 말고 선으로 악을 이기라"(롬 12:19-21).

비방을 했던 것에 대한 회개기도

하나님 아버지!

지난날 저의 입술로 비방을 했던 죄를 회개합니다. 제 속에 성령님이 계심을 믿었으면서도 사탄이 기뻐하는 비방을 통해 성도들에게 상처를 주었고, 아내와 남편, 자녀, 부모, 회사 직원들에게 상처를 주었음을 고백하오니 이 죄를 용서하여 주시옵소서.

아울러 제가 그렇게 비방을 했던 순간에 사탄이 제 속사람을 장악했음을 인정하고 회개합니다. 또한 나를 향한 비방의 말을 들었을 때 모세처럼, 다윗처럼 대항하지 말아야 했었는데 때로는 분노하고, 미워하고, 나 역시 비방으로 갚으려고 했었던 죄를 회개하오니 용서하여 주시옵소서.

이제 나사렛 예수 그리스도의 이름으로 명하노니 비방의 말을 듣고 상한 감정이 되어 내 속에 들어와 주인 행세를 했던 사탄은 내게서 떠나갈지어다. 또한 내 입을 통해 비방을 쏟아내게 했던 사탄은 우리 주 예수님의 이름으로 명하노니 내 속에서 떠나갈지어다.

예수님의 이름으로 기도하옵나이다. 아멘.

6.

십자가 죽음에
내려놓아야 할,
티와 들보

티와 들보란

마태복음 7장 3-5절을 보면 티와 들보에 관한 말씀이 나옵니다. 예수님이 티라고 하신 것은 매우 작은 먼지 같은 것을 말하고, 때로는 무의미한 것을 뜻하기도 합니다. 이렇게 작은 먼지 같은 것이 내 눈에 들어가면 눈물이 나고, 눈을 깜빡거리게 되고, 때로 눈을 비비다 보면 각막에 상처가 날 때도 있습니다. 들보는 집을 지을 때에 사용하는 대들보를 말하는데 건물을 지을 때 천장이나 바닥에 대는 지지대 같은 것으로 '그것이 내 눈 속에 있다?' 이것이 가능한 일이겠습니까?

"형제의 눈에 있는 티는 보면서 네 눈을 가리고 있는 들보는 왜 보지 못하느냐?" 이렇게 말씀을 하셨다면 그래도 이해가 되겠는데 눈 속에 있다니 예수님이 과장을 해도 너무 심하게 과장하신 것 같지 않습니까? 그러나 예수님이 과장법을 사용하셨지만 다른 사람의 작은 허물에 비해 비교할 수 없을 만큼 큰 잘못이 내 속에 있다는 것을 알아야 된다는 의미로 볼 수 있습니다.

우리들은 자신을 보는 것보다 다른 사람에게 있는 티가 더 잘 보이고, 그것을 지적하고 싶어 합니다. 잠을 자면서 이빨 가는 소리를 나는 듣지 못하지만 함께 자는 사람에게는 크나큰 고통이라는 것을 나는 잘 모릅니다. 술 먹은 사람이 풍기는 그 술 냄새가 가족에게 얼마나 고통스러운 것인지 나는 잘 모릅니다. 내 입에서 나는 입냄새가 다른 사람에게는 얼마나 고역인지 나는 잘 모릅니다. 아파트 아래층 베란다에서 피우는 담배 연기가 위층으로 스며들어 왔을 때 그 냄새를 맡는 사람에게는 얼마나 큰 고통인지 나는 잘 모릅니다.

결혼을 하고 나면 신혼부부 때 가장 많이 싸운다고 하는데 그 이유는 연애 시절에 보이지 않던 단점들이 살을 맞대고 살다 보니 비로소 보이기 때문입니다. 그래서 "나는 문제가 없는데 당신이 문제야!"라고 하면서 서로의 단점을 뜯어고치려고 하다 보니 결국 부부싸움이 벌어지게 됩니다.

이런 태도가 지금 우리 한국 교회를 괴롭히고 있습니다. 밖을 향해 사랑을 외치지만 우리 안에 사랑이 식어졌음을 보지 못합니다. 사회가 이렇게 하면 안 된다고 외치지만 정작 제2의 종교개혁이 일어나야 할 곳은 바로 교회입니다. 북한의 김 씨 일가 세습을 맹비난하면서도 목회자의 교회 세습은 스스럼없이 이루어졌습니다. 어려운 농촌교회와 어촌교회, 개척교회, 미자립교회를 물려받았다면 얼마나 좋겠습니까? 하지만 세습은 거의가 성도수가 많고 재정적으로도 튼튼한 교회들에서 이루어졌습니다. 아들에게 교회를 물려주어 편안하게 살아가라고 말입니다. 교계와 사회로부터 질책을 받았지만 도리어 당사자들은 하나님의 뜻과 하나님의 은혜라고 말하며 자기 합리화를 했습니다. 그러니 각 교단 신학대학원에 지원하는 자가 점차적으로 줄어들고 있지 않습니까?

돈 앞에 무릎을 꿇은 일부 목회자와 교회들 때문에 교회가 사회에 매력을 주지 못하고 있습니다. 우리는 과연 베드로가 "금과 은은 내게 없거니와 내게 있는 것으로 네게 주노니 곧 나사렛 예수 그리스도의 이름으로 일어나 걸으라"고 외쳤던 것처럼 그렇게 외칠 수 있을까요? 베드로는 가진 것이 없었지만 예수님의 이름을 선포했습니다. 오늘날 교회는 금과 은을 가졌지만, 예배당 건물을 가졌지만, 예수님의 얼, 청빈의 정신, 가난을 친구로 삼고 살아가는 삶, 십자가를 지고 주님을 따르는 삶을 선포할 수 있을까요?

다른 사람의 실수와 잘못과 죄에 대해서는 발본색원해야 한다며 목에 힘을 주고 난리법석을 떨지만 내 잘못에 대해서는 덮으려고 합니다. 변명하려고 합니다. 축소시키려고 합니다. 인정을 하지 않으려고 합니다. 다윗처럼 솔직하게 "내가 여호와께 죄를 범하였노라"(삼하 12:13) 이렇게 자백할 줄 모릅니다. 내 죄를 고백하고 인정하는 것이 바로 겸손 아니겠습니까?

나는 죽고 내 안에 예수님이 산다고 고백하는 자라면 다른 사람이 내게 있는 티를 지적할 때 그것을 거부하지 말고 겸손하게 받아들이고, 고치려는 수용성이 필요합니다. 왜냐하면 나를 가장 잘 아시는 하나님이 내 자아를 깨트리실 때 그런 방법을 사용하시기 때문입니다. 그래서 그런 자아의 깨어짐을 통해 내가 영적으로 성숙한 그리스도인이 되어가게 하십니다.

자아란

　자아란 내 속사람 속에 만들어진 자기라는 뜻입니다. 이 세상에 태어나 가족 관계 속에서, 사람 관계 속에서, 환경 속에서, 사건 속에서 부딪히며 자아가 형성됩니다. 환경과 사람에게 배움으로 경험 정보가 쌓여 하나의 체계가 형성되었습니다.

　그래서 고집이라는 것이 생겼고, 주관이라는 것이 생겼고, 가치관이라는 것이 생겼습니다. 성격이라는 것이 생겼고, 습관과 기질과 본질과 경험이 생기게 되면서 또한 편견이 자리 잡게 되었습니다. 이것이 나름대로 패턴을 갖추어 지식이 형성되고, 이 지식으로 세상과 사물을 판단하게 됩니다. 이것이 내 자아입니다. 그런데 다룸을 받지 못한 내 자아는 내 속에 계신 성령님에게 순종하지 못하고 도리어 방해될 때가 많습니다.

하나님의 의도

하나님은 내가 내 자아가 아니라 예수님으로 살아가기를 원하십니다. 내 자아로 사는 것은 내 의로 사는 것이지 예수님으로 사는 것이 아닙니다. 날마다 내 겉사람은 죽고, 내 속사람이 예수님으로 살아가야 합니다. 내 속에 계신 생명 되신 예수님이 움직이실 때, 영에 속한 사람이 되어 영이 육을 다스리고, 내 육이 거기에 순종함으로 그리스도의 장성한 분량까지 자라나는 그리스도인이 되는 것, 그것이 바로 하나님이 바라시는 의도입니다.

나는 겸손하다고 하지만 천연적인 본성 때문에 그런 경우가 있습니다. 하나님이 주신 환경 속에서 다룸을 받아 깨트림을 받고 난 다음에 나오는 겸손이어야 진짜 겸손입니다. 십자가 아픔을 통해 하나님의 손에 다룸을 받아야 참된 겸손입니다. 충성이라는 것도 내 본성이 충성스러운 사람이 아니라 십자가 아픔과 고통을 통해 하나님 앞에 다룸을 받고 난 다음에 나오는 충성이어야 합니다.

베드로는 실수도 있었지만 환경과 사건과 사람을 통해 다룸을 받고 나자 로마에 가서 순교까지 하게 되었습니다. 기꺼이 자신의 목숨을 십자가에 던졌습니다. 그것은 자신의 본성을 하나님께 굴복하고 예수님으로 살았기 때문에 가능한 일이었습니다.

아무리 뛰어난 식견과 학식과 고상한 인격을 가지고 있다고 하더라도 인격과 삶과 존재를 정면으로 건드리면 사정없이 돌변할 때가 있습니다. 분노가 폭발할 때가 있습니다. 미워하고 질투하고 시기하는 것은 그만큼 내 자아가 아직도 미숙하기 때문입니다. 하나님은 다른 사람을 통해 내 속사람의 미숙을 지적하고 책망하십니다. 듣기 싫은 소리를 듣게 하십니다. 자존심을 무너뜨리십니다. 그럴 때 "당신은 나보다 허물이 더 많은 사람이야! 당신이나 똑바로 잘해! 털어서 먼지 안 나는 사람 어디 있어? 당신은 나보다 더 큰 들보가 있는 사람이야! 당신 눈에는 안 보여?" 한다면 그것은 나를 십자가 죽음에 내려놓는 것이 아닙니다. 도리어 그 순간 내 의를 내세우는 것이 됩니다. 내 의를 내세우면 율법으로 사는 자가 되고 맙니다.

죄 없는 자가 돌로 치라

요한복음 8장을 보면 간음하다가 현장에서 붙잡힌 여인에 관한 이야기가 나옵니다. 당시 유대 지도자들이었던 바리새인과 서기관들과 무리들은 예수님을 올무에 빠뜨리기 위해 간음하다가 현장에서 붙잡힌 여인을 데리고 왔습니다. 그리고 어떻게 처리해야 하는지 예수님에게 물었습니다. 그러자 예수님은 그들에게 무엇이라고 말씀하셨습니까?

"너희 중에 죄 없는 자가 먼저 돌로 치라"(요 8:7).

왜 예수님은 그런 말씀을 하셨을까요? 죄 없는 자는 하나님뿐인데 말입니다. 그렇다면 여기에는 다른 뜻이 담겨 있다는 것을 알 수 있습니다. 간음하다가 현장에서 붙잡힌 이 여인을 향해 돌을 던진다면 그것은 내가 하나님이 되어 심판을 하는 것이 됩니다. 율법으로 사는 것이 됩니다. 따라서 "너희들이 하나님이라고 한다면 돌을 들어 던져도 좋다"는 뜻 아니겠습니까? 그러자 아무도 돌을 들어 던질 수 없었고, 그 많던 무리들은 뿔뿔이 흩어졌습니다. 왜냐하면 자신들은 죄인이기 때문입니다. 그래서 손에 든 돌을 내려놓아야 했고 그 자리를 떠날 수밖에 없었습니다.

> "율법 안에서 의롭다 함을 얻으려 하는 너희는 그리스도에게서 끊어지고 은혜에서 떨어진 자로다"(갈 5:4).

율법으로 살면 나 역시 돌을 들어 던지는 자가 되고 늘 손에 돌을 들고 있어야 합니다. 그러나 그것은 예수님의 의로 사는 것이 아니라 율법으로 사는 것입니다. 내 안에 계신 예수님으로 살면 내 의가 아니라 예수님의 의로 살아야 합니다. 예수님의 눈으로 보면 그 여인을 향해 돌을 들어 던질 수 없습니다. 스데반처럼 돌에 맞아 죽으면서도 자신을 향해 돌을 던졌던 사람들을 위해 저들의 죄를 용서해 달라고 기도를 드리는 것이 신자들이어야 합니다.

> "그 형제를 미워하는 자마다 살인하는 자니 살인하는 자마다 영생이 그 속에 거하지 아니하는 것을 너희가 아는 바라"(요일 3:15).

왜 형제를 미워하는 자는 살인한 자라고 하셨을까요? 그것은 자기 의에 빠져 자기가 하나님이 되기 때문입니다. 그런 자는 그 속에 영생이 없는 자라고 했습니다. 율법으로 사는 의는 자기는 의롭고, 상대방의 허물이 보이면 정죄하고 심판하는 자로 나타납니다. 그래서 돌을 들고 있다가 던지려고 합니다. 그러나 예수님으로 살면 내 들보가 더 크게 보입니다. 내 속에 있는 티를 지적하는 자를 향해 돌을 들어 던질 수 없게 됩니다.

사랑은 예수님

제가 목회를 할 때 때로 성도들이 "목사님은 인사도 제대로 안 한다. 사랑이 없다!" 그런 말을 할 때 저는 '너무 억울하다. 나는 그래도 인사를 잘 한다고 했는데 왜 이렇게 몰라주는 것일까? 사랑이 없다고? 내가 사랑하려고 얼마나 노력하는데 그런 말을 하나?' 하면서 내 속에 있는 들보를 보려고 하지 않았습니다. 그런데 어느 날 고린도전서 13장을 읽고 있었습니다.

"내가 사람의 방언과 천사의 말을 할지라도 사랑이 없으면 소리 나는 구리와 울리는 꽹과리가 되고 내가 예언하는 능력이 있어 모든 비밀과 모든 지식을 알고 또 산을 옮길 만한 모든 믿음이 있을지라도 사랑이 없으면 내가 아무 것도 아니요 내가 내게 있는 모든 것으로 구제하고 또 내 몸을 불사르게 내줄지라도 사랑이 없으면 내게 아무 유익이 없느니라"(고전 13:1-3).

그동안 수도 없이 읽었던 말씀이었습니다. 고린도전서 13장을 통째로 암송도 했었습니다. '사랑은 그런 것이구나!' 막연하게 생각하고 있었는데 그날 그 말씀 앞에서 '사랑은 예수님이구나! 내게 사랑이 부족했다는 것은 성도들이 나를 통해 예수님을 느끼지 못했기 때문이고, 나에게서 예수님을 느낄 수 없었기 때문에 그런 말을 하는 것이었구나! 그런데도 나는 내가 사랑이 많은 사람이라며 착각하고 살았구나! 내가 예수님으로 살지 못하는 것을 성도들이 그렇게 느꼈기 때문인데 그것을 깨닫지 못하고 도리어 나 자신을 변호하고 변명하기에 바빴구나!' 하면서 회개하며 울었던 적이 있었습니다.

성도들이 설교에 은혜가 없다고 하면 설교를 하는 내게 문제가 있는 것이지 듣는 성도들에게 문제가 있는 것이 아닙니다. 그런데도 "신학을 공부하지 않은 사람이 설교나 목회를 알기나 해!" 한다면 그것은 내 의로 사는 것이 됩니다. 자아가 살아 있는 교만입니다.

식당에 찾아온 손님들이 "음식 맛이 왜 이러냐"고 한다면 그것은 요리를 잘못했거나 좋은 재료를 사용하지 않은 내게 잘못이 있는 것이지 음식을 먹은 손님에게 문제가 있는 것이 아닙니다.

학생들이 "강의가 어려워서 무슨 내용인지 모르겠다"고 하면 그것은 강의를 쉽게 하지 못한 나에게 문제가 있는 것이지 듣는 자들에게 문제가 있는 것은 아닙니다. 그렇지 않은가요?

죽음에 내려놓는 것이 사는 길

언젠가 한밤중에 핸드폰이 울렸습니다. 사경을 헤매는 환자가 있어서 예배드려 달라는 부탁이었는데 곧바로 그 집으로 달려갔습니다. 예배를 드린 다음 부인이 어렵게 말을 꺼내는데 "내일 병원에 갈 텐데 혹시 병원에서 세례를 받을 수 없을까요?"라고 했습니다. 그래서 다음 날 병원에서 세례를 베풀었습니다. 세례를 베풀고 나자 환자는 하나님의 부름을 받았습니다. 부인이 남편을 부르며 "여보!"를 외쳤지만 더 이상 깨어나지 않았습니다. 한참 후에 자녀들이 와서 "아버지!"를 불렀지만 시신은 점점 굳어져 가고 있었습니다. 숨이 끊어지면 온몸이 굳어집니다. 생명이 끊어지면 아무리 불러도 대답이 없고, 흔들어도 반응이 없습니다. 죽은 사람의 특징은 반응이 없다는 것 아닙니까? 죽은 사람은 말이 없고, 아무리 흔들어도 꼼짝하지 않습니다.

내가 그리스도와 함께 십자가에 못 박혀 죽었다는 것을 고백했다면 누가 건드려도 반응을 보이지 않아야 합니다. 누가 욕을 해도 끄떡하지 않아야 합니다. 자존심이 상해도 그냥 입을 다뭅니다. 비위가 거슬려도 그냥 넘기게 됩니다. 기분이 나빠도 반응을 보이지 않고 인내하게 됩니다. 예수님이 나를 통하여 역사하셔서 오직 예수님만이 나타날 뿐입니다. 그러므로 죽음에 내려놓는 것은 끝이 아니라 도리어 내가 사는 길이 됩니다.

사람을 보는 눈이 거듭나야 한다

내 영에 예수님이 계심을 믿고 주님이 내 안에, 내가 주님 안에 거하신다는 것을 믿는다면 내게 있어서 보기 싫은 사람이 없어야 합니다. 예수님이 내 안에 계시는 것을 믿는다면 꼴 보기 싫었던 사람이 내게 너무나 고마운 사람으로 바뀌어야 하고, 그 사람에게 사랑이 흘러가야 합니다. 나에게 있는 티를 지적할 때 그것을 고마운 것으로 알고 나 자신을 십자가 죽음에 내려놓고 고쳐나갈 수 있어야 합니다. 결단코 변명하지 마십시오. 속상해하지 마십시오. 나를 변호하려고 하지 마십시오. 사랑이 없다고 내게 있는 티를 지적할 때 내가 사랑이 부족하다는 것을 인정하고 받아들이십시오. 내가 고집이 센 사람이라고 하면 고집이 세다는 것을 부정하지 말고 받아들이시기 바랍니다. 지적당한 부분들을 내려놓고 눈물 흘리며 기도하고 고쳐 나가시기를 바랍니다. 그러면 성령님의 도우심으로 내가 변화되어 가는 것을 느끼게 될 것입니다.

여기서 한 걸음 나아가 또한 다른 사람의 티를 보려고 하지 말아야 합니다. 자녀들이 잘못해서 야단치는 순간에도 기도해 보면 부모 된 내게 문제가 많다는 것을 알게 됩니다. 부부싸움을 했을 때 그 문제를 가지고 하나님께 기도하면 처음에는 다 내가 잘한 줄 알지만 하나님은 내 잘못을 지적하기 시작하십니다. "너는 얼마나 잘했느냐? 너는 남편을 존경했니? 나는 너더러 십자가를 지라고 했는데 남편에게 그렇게 바가지 긁어도 되겠어? 아내 사랑하기를 자기 자신과 같이 하라고 했는데 아내를 그렇게 사랑했니?" 그런 책망의 말을 듣게 되지 않습니까?

성도들끼리 문제가 생겨 다투었을 때에도 나는 잘못한 것이 없습니다. 그런데도 하나님은 어떤 사람을 사랑하십니까? 내가 더 잘못했다고 회개하는 사람, 나 역시 부족한 것이 많은 사람이라는 것을 알고 통곡하면서 도리어 잘못했다고 회개하는 사람입니다.

내 영에 계신 예수님을 바라보면 함부로 말할 수 없을 것입니다. 아내나 남편을 향해 함부로 분노를 폭발할 수 없게 됩니다. 지적하고 뜯어고치려고 하지 않게 됩니다. 잔소리를 해서 변화시키려고 하지 않게 됩니다. 교회에서 회의를 할 때에도 화를 내고 내 고집을 피우며 자기 의견을 끝까지 관철시키려고 하지 않게 됩니다.

십자가를 통과한 사람에게는 좋지 않은 부모가 없습니다. 상처를 준 부모도 주 안에서는 다 좋은 부모임을 깨닫게 됩니다. 그렇게 십자가 죽음에 나를 내려놓으면 티와 들보는 다른 사람의 문제가 아니라 바로 나 자신의 문제임을 알게 됩니다. 이런 은혜를 회복해서 영성 깊은 그리스도인이 되기를 우리 주 예수님의 이름으로 축원합니다.

"또 눈은 눈으로, 이는 이로 갚으라 하였다는 것을 너희가 들었으나 나는 너희에게 이르노니 악한 자를 대적하지 말라 누구든지 네 오른편 뺨을 치거든 왼편도 돌려 대며 또 너를 고발하여 속옷을 가지고자 하는 자에게 겉옷까지도 가지게 하며 또 누구든지 너로 억지로 오 리를 가게 하거든 그 사람과 십 리를 동행하고 네게 구하는 자에게 주며 네게 꾸고자 하는 자에게 거절하지 말라" (마 5:38-42).

티와 들보에 대한 회개기도

하나님 아버지!

제 안에 들보가 있었음에도 그것을 보지 못했습니다. 하나님은 저의 자아를 깨트리시기 위해 환경과 사람과 사건을 일으키셨습니다. 그리고 때로는 사람을 통해 저에게 있는 들보를 지적하셨지만 도리어 저는 제 안에 있는 들보를 보려고 하지 않았습니다. 도리어 나를 변호하기에 바빴고 변명하기에 바빴습니다. 그리고 다른 사람의 티를 들추어 내려고 했었던 적이 많았음을 회개하오니 용서하여 주시옵소서.

이제부터 다른 사람들이 내게 있는 들보를 지적할 때마다 그것을 받아들이며 나를 죽음에 내려놓고 고쳐 나가도록 하겠습니다. 그래서 저를 통하여 예수님의 의가 살아나게 하시고, 예수님으로 사는 자가 되게 하여 주시옵소서.

예수님의 이름으로 기도하옵나이다. 아멘.

7.

축복의 걸림돌, 원망

원망이란

　원망이란 어떤 여건 때문에 탓하거나 불평하고 분하게 여겨 미워하는 것을 말합니다. 이 원망에는 탓이 들어갑니다. 대상이 있다는 뜻입니다. 원망을 처리하지 못하고 놓아두면 원망의 대상을 찾게 되고, 그러면서 나만이 옳다고 여기는 생각에 빠져 그 사람 때문에, 때로는 여건 때문에, 때로는 환경 때문에, 때로는 부모 때문에, 때로는 배우자 때문에, 때로는 회사 동료 때문에 이렇게 되었다고 남의 탓으로 돌리게 됩니다.

죽고 사는 것이 달린 혀

사람이 밥을 먹고 사는 것 같아도 사실은 말을 먹고 삽니다. "내게 능력 주시는 자 안에서 내가 모든 것을 할 수 있느니라"(빌 4:13)는 고백은 넘어진 자리에서도 일어서게 해줍니다. 그러나 사탄은 사람들이 던지는 부정적인 말을 통해, 또한 내가 내뱉는 부정적인 말과 비방, 내게 들려진 비난을 통해 그 말에 사로잡히게 만듭니다.

"혀는 곧 불이요 불의의 세계라 혀는 우리 지체 중에서 온 몸을 더럽히고 삶의 수레바퀴를 불사르나니 그 사르는 것이 지옥 불에서 나느니라 여러 종류의 짐승과 새와 벌레와 바다의 생물은 다 사람이 길들일 수 있고 길들여 왔거니와 혀는 능히 길들일 사람이 없나니 쉬지 아니하는 악이요 죽이는 독이 가득한 것이라"(약

3:6-8).

우리의 혀는 무서운 힘을 가지고 있습니다. "불신앙적인 말을 하지 않으리라. 믿음의 언어를 하리라. 아름다운 말을 하고 소망을 말하고, 이웃과 가족에게 칭찬과 격려를 하리라. 하나님을 높이는 말을 하리라. 어떤 형편에 처한다 할지라도 감사하며 살리라" 결심하고 결단하십시오. 그러면 그것이 내 삶을 아름답게 만들어 갑니다.

> "죽고 사는 것이 혀의 힘에 달렸나니 혀를 쓰기 좋아하는 자는 혀의 열매를 먹으리라"(잠 18:21).

어느 교회 사모님이 암에 걸려 8년 동안이나 갖은 고생을 하셨습니다. 목사님이 시중을 드시면서 이런저런 좋은 약을 다 달여 먹이셨는데 어느 날 문턱을 넘어서면서 이런 생각을 가지고 말했답니다. "이럴 바에야 빨리 천국에라도 가지!" 그런데 그 약사발을 드신 사모님이 그 길로 하나님의 부르심을 받고 말았습니다. 목사님은 장례식 때 "내가 어쩌자고 그런 말을 입 밖에 내었던고! 하나님! 용서해 주시옵소서" 하시면서 그렇게 우셨답니다.

간혹 믿지 않는 남편 때문에 어려움을 겪는 부인들이 이렇게 기도하지는 않으십니까? "하나님! 남편이 예수님을 믿고 있지 않습니다. 병이 들든지 교통사고라도 나든지 다리를 하나 부러뜨리시든지 하셔서 저 고집 꺾어서 예수님을 믿게 하여 주시옵소서." 그 기도대로 이루어진다면 좋겠습니까? 그런 기도보다는 "하나님! 남편이 하나님의 복을 많이 받고 아주 은혜로운 가운데 즐거운 마음으로 하나님 앞에 나오는 날을 주시옵소서" 그렇게 기도하시는 것은 어떻겠습니까? 하나님이 과연 어느 기도를 더 기뻐하시겠습니까? 어느 것이 경건한 신자의 기도이겠습니까?

교회가 문제에 휩싸일 때를 보면 엄청난 원망의 말들이 퍼져 나갑니다. 서로를 향해 원망과 비난을 퍼붓습니다. 그런 파장을 맞다 보면 우리의 영성은 파괴되어 갑니다. 이런 충격파를 맞으면 때로 가나안 성도(신앙을 가지고 있으면서도 교회에 발길을 끊는 자, 교회 '안 나가'를 거꾸로 해서 가나안 성도라고 함)가 되어 교회를 떠나가는 경우도 생겨납니다. 한국 교회에 가나안 성도가 이백만 명이 넘는 것으로 추산되고 있습니다.

바울 사도가 "나는 날마다 죽노라"(고전 15:31)고 고백했던 것처럼 날마다 나를 죽음에 내려놓으면 환난도 축복이 되고, 실패도 축복이 되고, 비난도 축복이 됩니다.

이스라엘 백성들의 원망

이스라엘 백성들이 애굽에서 나와 가나안 땅을 향해 걸어가는 동안 광야에서 많은 어려움을 겪었습니다. 광야생활이 오래 지속되다 보니 먹을 것도 부족했고, 물도 없게 되자 백성들은 피곤하고 지쳤습니다. 그러자 원망이 터져 나오기 시작했는데 그 사건이 민수기 21장에 나옵니다. 4절을 보면 이렇게 되어 있습니다.

> "백성이 호르 산에서 출발하여 홍해 길을 따라 에돔 땅을 우회하려 하였다가 길로 말미암아 백성의 마음이 상하니라"(민 21:4).

민수기 21장은 이스라엘 백성들이 출애굽을 해서 광야생활을 시작할 때의 사건을 말하는 것이 아니라 광야 생활 40년이 끝나

가는 38년쯤 되었을 때의 사건을 다루고 있습니다. 이스라엘 백성들이 처음에 출애굽을 했을 때 하나님은 그들을 훈련시키기 위해 지름길로 인도하지 않았습니다. 지름길은 평탄하고 가기도 쉬웠는데 성경에서는 이 길을 블레셋 사람의 땅의 길이라고 했습니다.

"바로가 백성을 보낸 후에 블레셋 사람의 땅의 길은 가까울지라도 하나님이 그들을 그 길로 인도하지 아니하셨으니 이는 하나님이 말씀하시기를 이 백성이 전쟁을 하게 되면 마음을 돌이켜 애굽으로 돌아갈까 하셨음이라"(출 13:17).

하나님은 가까운 길이 아니라 사막을 지나가게 하셨고, 돌밭을 지나가게 하셨습니다. 갖은 고생을 다 시키시면서 38년을 광야에서 살게 하셨습니다. 그러자 백성들의 마음은 상할 대로 상했고, 원망이 터져 나오기 시작했습니다.

"백성이 하나님과 모세를 향하여 원망하되 어찌하여 우리를 애굽에서 인도해 내어 이 광야에서 죽게 하는가 이곳에는 먹을 것도 없고 물도 없도다 우리 마음이 이 하찮은 음식을 싫어하노라"(민 21:5).

심지어는 하나님이 지나온 세월 동안 그들에게 먹여주셨던 만나를 가리켜 하찮은 식물이라고 했습니다. 그것을 싫어한다고 했는데 이 말은 몹시 지겨워하고 질색하는 것을 뜻합니다. 지나온 세월 동안 하나님이 이렇게 먹을 것을 공급해 주셨는데도 하나님의 은혜를 잊어버렸습니다. 그리고 그 모든 원망을 탓할 대상을 찾았는데 바로 모세였습니다. 게다가 거기에만 그친 것이 아니라 그 원망이 하나님에게까지 이어졌습니다. 애굽에서 잘 살고 있는 우리들을 끄집어내어 이 광야에서 이렇게 죽게 한다고 말입니다. 하나님이 과연 자기의 백성을 죽이시려고 지난 세월 동안 광야에서 만나와 메추라기를 먹여주시고, 반석에서 물이 나게 하셨겠습니까? 낮에는 구름기둥, 밤에는 불기둥으로 그들을 인도해 주셨겠습니까?

하나님이 나를 죽이시려고 말할 수 없는 고통스러운 환경을 만나게 하셨겠습니까? 하나님이 나를 죽이시려고 그 힘든 환난과 어려움을 겪게 하셨겠습니까? 결단코 아닙니다. 나를 향한 하나님의 사랑은 조금도 변함이 없습니다. 그것은 나를 위한 신앙의 훈련도구요, 훈련조교입니다. 그런데도 지금 만난 환경과 형편이 좋지 못하다는 이유 때문에 원망을 하고 남의 탓으로 돌려서야 되겠습니까?

사도 바울의 고백

사도 바울이 이런 고백을 한 적이 있습니다.

"유대인들에게 사십에서 하나 감한 매를 다섯 번 맞았으며 세 번 태장으로 맞고 한 번 돌로 맞고 세 번 파선하고 일 주야를 깊은 바다에서 지냈으며 여러 번 여행하면서 강의 위험과 강도의 위험과 동족의 위험과 이방인의 위험과 시내의 위험과 광야의 위험과 바다의 위험과 거짓 형제 중의 위험을 당하고 또 수고하며 애쓰고 여러 번 자지 못하고 주리며 목마르고 여러 번 굶고 춥고 헐벗었노라"(고후 11:24-27).

사도 바울은 너무나 심한 고통과 환난과 핍박을 받았습니다. 복음을 전하다가 헐벗었고, 맞기도 했을 뿐만 아니라 배척을 받기도 했었습니다. 목숨의 위협도 당했습니다. 그런데도 바울은 하나님을 향해 그 어떤 원망도 하지 않았습니다.

"하나님을 위해 이렇게 사역을 하고 있는데 하나님이 나에게 이런 현실을 주실 수 있으십니까? 하나님! 너무하십니다." 그런 말도 하지 않았습니다. 도리어 그 환경으로 인해 약해진 자신을 자랑했고, 그 환경 때문에 하나님을 더욱 의지하게 되어 감사했습니다. 이유는 바울 자신으로 사는 것이 아니라 바울 속에 계신 그리스도로 살았기 때문입니다. 그러자 어떤 형편에 처하든지 자족하기를 배웠고, 하나님이 주신 현실인 줄 알아 하나님이 이끄시는 손길로 받아들일 수 있었습니다.

현실을 축복의 기회로 여기라

　원망의 결과는 치명적이었습니다. 하나님은 불뱀들을 보내어 그들을 물게 하셨습니다. 불뱀에 물려 고통스러운 가운데 죽어가는 사람이 생겨났고, 뱀독이 온몸에 퍼져 장막 여기저기서 고통 가운데 울부짖는 비명소리가 이스라엘 전 공동체로 퍼져나가기 시작했습니다. 원망과 불평의 말이 축복을 도망가게 만들었고, 불행을 끌어당겼습니다. 원망하는 말은 사탄이 물어뜯기에 아주 좋은 환경을 만들어 줍니다. 원망하는 말은 불신앙적인 환경을 만들어 하나님의 역사가 일어날 수 없도록 합니다. 원망은 자신을 바라보지 않고 원인을 남의 탓으로만 돌려 결국 나를 망하게 만듭니다.

　원망에 사로잡히면 아무리 돈이 많고 좋은 집에 살고, 좋은 의

복을 입고 좋은 음식을 먹고 살아도 결코 행복할 수 없습니다. "하나님은 왜 저 사람에게 물질의 복을 주시고 나에게는 안 주시느냐"고 말할 것이 아닙니다. "내가 이렇게 사는 것은 부모를 잘못 만난 탓이라"고 말할 것이 아닙니다. "우리 교회가 성장하지 못하는 것은 목사님 때문이라"고 "장로님 때문이라"고 "저 권사님 때문이라"고 다른 사람 탓으로 돌릴 것이 아닙니다. 오히려 그 현실을 하나님이 나를 훈련하시는 도구로 받아들이고, 감사하는 영적 성숙의 기회로 삼는 것이 필요합니다. 그 고난 속으로 자진해서 걸어 들어가 하나님이 내게 주신 잔으로 알고 받아 마실 수 있는 수용성이 필요합니다.

그렇게 내가 변화되어야 도무지 변화되지 않을 것 같은 남편이 변하고, 아내가 변하고, 자녀가 변하고, 교회가 변하기 시작합니다. 변해야 할 사람은 내가 원망의 대상으로 삼고 있는 그 사람과 환경이 아니라 바로 나 자신입니다.

중년 남성 3명이 모여 술을 마시다가 자신들의 삶에 대해 원망하기 시작했습니다. 먼저 한 친구가 말하기를 "요즘 회사일 때문에 속이 너무 상해! 상관들은 업무를 제대로 볼 줄 몰라. 그러면서 왜 그 자리에 앉아 있는지 모르겠어!" 그러자 중소기업을 운영하고 있었던 한 친구가 이런 말을 했습니다. "요즈음 회사 운영하는 것이 너무나 어려워! 직원들이 속을 썩이고 매출은 늘지를 않고 나는 회사 문을 닫아버리고 싶어. 정말 살기가 싫어." 그러자 어제 부부싸움을 하고 온 친구가 말을 했습니다. "내가 결혼할 때 너희들이 다시 한 번 생각해 보라는 말이 맞았어! 내가 결혼을 잘못한 것 같아! 죽을 맛이야!"

이들은 어떻게 되었을까요? 20년 후에 다시 만났을 때 회사에 대해 원망하던 친구는 위암 선고를 받았고, 중소기업을 운영하던 친구는 부도가 나서 망했습니다. 결혼을 잘못했다고 아내에 대해 원망하던 친구는 이혼을 당해 돌싱남이 되어 버렸습니다. 원망의 결과는 불행을 끌어당겼고 자신을 황폐하게 만들었습니다.

이스라엘 백성들이 원망함으로 하나님의 징계를 받았던 것을 보면서 이것이 나에게도 일어날 수 있는 일임을 기억해야 합니다.

"그들 가운데 어떤 사람들이 원망하다가 멸망시키는 자에게 멸망하였나니 너희는 그들과 같이 원망하지 말라 그들에게 일어난 이런 일은 본보기가 되고 또한 말세를 만난 우리를 깨우치기 위하여 기록되었느니라"(고전 10:10-11).

남 탓 의식을 버리라

원망에서 벗어나기 위해서는 무엇보다 남 탓 의식을 버려야 합니다. 아담과 하와가 선악과를 따먹고 죄를 범했을 때 하나님이 나타나셔서 먼저 아담에게 물으셨습니다. "내가 너에게 먹지 말라고 한 선악과를 왜 따 먹었느냐"고 하시자 아담이 뭐라고 했습니까?

"아담이 이르되 하나님이 주셔서 나와 함께 있게 하신 여자 그가 그 나무 열매를 내게 주므로 내가 먹었나이다"(창 3:12).

아담은 솔직하게 자신의 잘못을 인정한 것이 아니라 하와 때문이라고 하와에게 책임을 떠넘겼습니다. 그러자 하나님이 하와에게 물으셨는데 하와 역시 이렇게 대답했습니다.

"여호와 하나님이 여자에게 이르시되 네가 어찌하여 이렇게 하였느냐 여자가 이르되 뱀이 나를 꾀므로 내가 먹었나이다"(창 3:13).

하와는 선악과를 따 먹은 책임을 뱀에게 넘겼습니다. 남 탓으로 돌리려는 의식은 곧 나에게는 책임이 없다는 것을 나타내는 것이지만 그것은 책임회피에 지나지 않습니다.

"사람이 미련하므로 자기 길을 굽게 하고 마음으로 여호와를 원망하느니라"(잠 19:3).

내 신발 속에 불청객으로
들어온 모래알갱이

　우리가 경험하는 일입니다만 등산을 하거나 비포장 도로를 걷다보면 걸음을 힘들게 하는 것이 있습니다. 나도 모르는 사이에 신발 속으로 들어온 불청객, 모래알갱이입니다. 아주 작은 이 모래알갱이는 내가 걸을 때마다 계속해서 통증을 안겨다 줍니다. 그러면 계속 걸어가는 것이 힘들어집니다. 그 통증을 없애려면 가던 걸음을 멈추고, 신발을 벗은 다음, 신발 속에 불청객으로 들어온 모래알갱이를 신발 밖으로 털어내어야 합니다. 그런 다음에 신발을 신고 걸어야 아주 편안하게 걸을 수 있습니다.

　원망은 초대받지 않은 손님으로 내 신발 속에 들어온 모래알갱이와 같습니다. 그것을 제거하지 않으면 계속해서 내게 고통과 불만족을 안겨다 줍니다. 여기로부터 벗어나려면 탓하는 것을 버려야 합니다. 내가 이렇게 된 것은 부모 때문이고, 남편 때문이고, 아내 때문이고, 자식 때문이고, 그 사람을 만났기 때문이라고 하면 해결의 실마리는 보이지 않습니다. 도리어 계속 불행 속에서 살아가게 됩니다. 따라서 어느 누구의 탓 때문이 아니라 내가 어떻게 받아들이고 살아가느냐가 더 중요합니다.

제가 중학교 다닐 때 집안이 너무 가난했습니다. 요즘에야 고등학교까지 무상교육이 이루어지고 있지만 그 당시는 아니었습니다. 집안이 가난하니 학교에 내야 할 공납금도 제때 내어본 적이 없었습니다. 제가 중학교 다닐 때부터 교회를 다녔는데 목사님의 설교를 들으면서 꿈을 가졌습니다. 권사님들이 밤이면 예배당에서 주무시면서 기도하시는 것을 보며 자랐습니다. 추운 겨울에 예배당 앞에 있는 조그마한 기도 골방에 들어가 무릎을 꿇고 기도를 했습니다. "하나님! 저는 공부를 하고 싶습니다. 집안이 너무 가난해서 공부할 수 있는 형편이 못 됩니다. 그러나 공부를 하고 싶습니다."

부모님은 교회를 다니지 않았기 때문에 제가 "앞으로 대학을 가겠습니다!"라고 했을 때 아버지의 말씀이 지금도 잊히지 않습니다. "이놈아, 집안 형편에 어떻게 대학에 간다는 말이냐? 송충이는 솔잎을 먹고 살아야 해!" 하시는 것이 아니겠습니까? 그것은 현실을 받아들이고 그런 허무맹랑한 소리 집어치우고 어디 일하러 가라는 이야기였습니다. 하지만 그 소리를 들었을 때에 저는 속에서 그 말을 거부했습니다. '그래도 저는 앞으로 공부를 할 겁니다. 대학을 갈 겁니다' 그렇게 외쳤습니다. 그리고는 "하나님! 저 공부할 수 있도록 해주세요" 울면서 기도했습니다.

세월이 흘러 대학원에 다니게 되어 강의를 듣기 위해 캠퍼스 안에 있는 백양로를 걷고 있었습니다. 그런데 제 마음속에 그런 음성이 들렸습니다. "지금 네가 이 학교에 다니는 것은 그때 그 추운 겨울날 기도 골방에서 기도하던 너의 기도에 대한 나의 응답이다." 그 음성을 듣자 중학교 다닐 때 추운 겨울에 기도 골방에서 기도하던 그 모습이 생각났습니다. 아무도 주목하는 사람이 없었지만 하나님은 그런 저의 모습을 보고 계셨습니다. 부모 탓을 하면서 "우리 가정은 왜 이렇게 가난한 거야? 아버지는 왜 술주정을 하면서 가정 폭력을 행사하는 거야? 내가 부모를 잘못 만나서 이렇다"고 비관했다면 저는 아마도 그 당시 비행청소년이 되었을 겁니다. 하지만 탓하지 않고 그 현실을 딛고 일어섰고 기도로 하나님의 도움을 구했습니다. 그러자 저는 부모에 대한 원망을 하지 않게 되었습니다.

원망의 백신은 기도

    찬송가 337장 '내 모든 시험 무거운 짐'이 나오게 된 데에는 이런 배경이 있습니다. 호프만 목사님이 말할 수 없는 큰 어려움을 겪고 있는 성도의 가정에 심방을 갔습니다. 목사님을 보자 부인은 "목사님! 이 형편을 어떻게 하면 좋겠습니까?" 하며 하염없이 울기만 하셨습니다. 목사님은 예배를 드리면서 "수고하고 무거운 짐 진 자들아 다 내게로 오라 내가 너희를 쉬게 하리라"는 성경말씀을 읽어 드렸습니다. 그런데도 부인은 계속해서 "어떻게 하면 좋겠습니까?" 하며 울부짖을 뿐이었습니다. 그러자 목사님은 "성도님! 성도님은 왜 하나님을 바라보지 않으십니까? 왜 슬픔을 주님께 고하지 않으십니까? 왜 원망하며 남의 탓으로 돌리려고만 하십니까? 내가 어떻게 성도님의 모든 어려움을 해결해 줄 수 있겠습니까? 하나님이 계시지 않습니까? 하나님을 바라보세요!" 이 말을 들은 성도는 깨달았습니다. 그리고는 "목사님! 옳습니다. 하나님을 바라보아야지요. 하나님께 기도해야지요!" 하면서 기도하기 시작했습니다. 그 성도가 기도를 하고 난 다음에 고개를 들었을 때 얼굴에는 기쁨이 넘쳐났습니다.

목사님은 심방을 마치고 집에 돌아오자 기도하고 나서 환한 얼굴이 되었던 성도의 모습을 생각하며 하나님이 주신 감동에 따라 찬송시를 적어 내려갔습니다.

내 모든 시험 무거운 짐을
주 예수 앞에 아뢰이면
근심에 쌓인 날 돌아보사
내 근심 모두 맡으시네
무거운 짐을 나 홀로 지고
견디다 못해 쓰러질 때
불쌍히 여겨 구원해 줄 이
주 예수시니 오직 예수

내가 지금 원망하고 있는 이유는 무엇 때문입니까? 자꾸 미궁 속으로 나를 밀어 넣는 현실 때문입니까? 아니면 풀리지 않는 어려움 때문입니까? 사람들로부터 들려오는 이런저런 말들 때문입니까? 사람들의 위로를 기대하지 말고 하나님의 위로를 기대하고,

내 근심 모두 예수님께 내려놓으시기 바랍니다. 원망과 근심, 걱정의 백신은 기도임을 기억하고 하나님께 내 아픈 마음을 토해내시기 바랍니다.

역대상 4장 9-10절을 보면 야베스에 관한 말씀이 나옵니다. 야베스라는 이름은 '고통의 아들'이라는 뜻을 담고 있습니다. 왜 고통의 아들이라고 이름을 지었을까요? 성경에서는 확실하게 말씀하고 있지 않기 때문에 단정하기는 어렵지만 아마도 야베스는 가정적으로도 형편이 어려웠을 것이고, 그래서 그의 이름을 고통의 아들이라고 지었던 것이 아닌가 추측해 볼 수 있습니다.

그렇다면 야베스는 얼마든지 자신을 낳은 부모와 가정형편에 대해 원망할 수 있었습니다. 그러나 야베스는 거기에 주저앉지 않고 환경에 지배당하지 않았습니다. 도리어 하나님께 부르짖었습니다. 10절의 말씀을 개역개정에서는 "야베스가 이스라엘 하나님께 아뢰어 이르되"로 되어 있습니다만 NIV 성경에서는 야베스가 이스라엘의 하나님께 부르짖었다(Jabez cried out to the God of Israel)로 되어 있습니다. 자신의 처지를 한탄하고 원망하며 낙심하지 않았고 부르짖었습니다.

> "주께서 내게 복을 주시려거든 나의 지역을 넓히시고 주의 손으로 나를 도우사 나로 환난을 벗어나 내게 근심이 없게 하옵소서"

(대상 4:10).

그러자 하나님이 응답해 주셨습니다.

"하나님이 그가 구하는 것을 허락하셨더라"(대상 4:10).

원망할 수밖에 없는 형편이라 하더라도 야베스처럼 부르짖으시기 바랍니다. 소리를 내어 하나님께 토설하며 기도하시기 바랍니다. 그러면 "내 영혼아 네가 어찌하여 낙심하며 어찌하여 내 속에서 불안해 하는가 너는 하나님께 소망을 두라 그가 나타나 도우심으로 말미암아 내가 여전히 찬송하리로다"(시 42:5) 고백한 다윗의 고백이 나의 고백이 될 줄 믿습니다. 이런 은혜, 이런 능력이 내 속에 충만하게 되어 원망으로부터 벗어나게 될 줄 믿습니다.

원망의 천적은 감사

나아가 원망에서부터 벗어나기 위해서는 무엇보다 감사의 말을 해야 합니다. 원망의 천적은 바로 감사이기 때문입니다.

하박국 선지자는 "비록 무화과나무가 무성하지 못하며 포도나무에 열매가 없으며 감람나무에 소출이 없으며 밭에 먹을 것이 없으며 우리에 양이 없으며 외양간에 소가 없을지라도 나는 여호와로 말미암아 즐거워하며 나의 구원의 하나님으로 말미암아 기뻐하리로다"(합 3:17-18)라고 했습니다. 이 말씀을 보면 '없다'라고 말한 것이 무려 여섯 가지나 됩니다. 이것들은 하나같이 우리의 생활에 피부로 와닿는 필요한 것들입니다. 하지만 이것도 없고, 저것도 없고 모든 것이 없었습니다. 이럴 때 하박국은 하나님을 향해 얼마든지 원망할 수 있었고, 나라를 이 지경이 되도록 만든 왕과 정치지도자들을 원망하며 그들의 탓으로 돌릴 수도 있었습니다. 그러나 그런 없는 것 속에서도 하나님께 감사의 고백을 했습니다.

그 없음으로 인하여 살아 있음의 참 가치를 알게 되었습니다. 그 없음을 통하여 하나님의 구원을, 영원한 생명의 충만함을 맛보게 되었습니다. 무엇보다도 없음으로 인해 생긴 그 빈 공간이 길이요 진리요 생명이신 하나님의 은혜로 채워졌습니다. 신자들의 행복이 바로 거기에 있는 것 아니겠습니까?

부족해도 감사하며 살아가면 기쁨이 찾아옵니다. 모자라는 것 같아도 만족하고 살아가면 고마움이 됩니다. 감사는 조건이 아니라 해석입니다. 해석을 어떻게 하느냐에 따라, 감사할 수도 있고, 불평할 수도 있고, 원망할 수도 있습니다. 감사는 소유의 크기가 아니라 생각의 크기이고, 믿음의 크기입니다. 우리는 결핍의식에 빠지지 말고 풍부의식을 회복해야 합니다.

어느 분이 엘리베이터가 있던 아파트에서 살다가 다른 곳으로 이사를 했는데 엘리베이터가 없는 4층짜리 다세대주택이었습니다. 1층에서 4층까지 계단을 모두 세어 보니 50개가 넘었습니다. 어느 날에는 하루에 세 번 오르락내리락할 때도 있었고, 많을 때는 다섯 번도 오르락내리락해야 할 때도 있었습니다. 이사를 하고 나니 힘들다는 생각이 들었습니다. 이런 집으로 이사를 올 수 밖에 없다는 것을 생각하니 "남편이 무능해서 이런 집에 살게 되었네!"라는 원망이 터져 나왔습니다. 그러다가 며칠이 지난 다음 생각을 고쳐먹고 회개를 한 다음 "계단도 나를 내려놓는 훈련이다. 도를 닦는 마음으로 내 수련의 장으로 만들어야 되겠다!"고 다짐했습니다.

그러자 그 계단이 천국으로 올라가는 계단처럼 보였습니다. 그리고 그 계단을 다 올라가 집 안에 들어가면 마치 하나님이 "수고했어! 다 올라왔어! 이제는 쉬어" 하시는 것 같았습니다. 다리 힘이 약해질까 봐 다리 운동을 시키시는 하나님! 그것을 생각하니 감사가 나왔습니다. 그 순간에 "아! 감사란 추상적인 것이 아니라 내가 놓쳐버리고 있었던 삶의 사소한 것에 있는 것이구나!"라는 것을 깨달았습니다. 감사가 원망을 몰아내었습니다.

깨닫지 못해서 그렇지 깨닫고 나면 지금의 남편도 감사하고, 지금의 아내도 감사하고, 속 썩이는 자녀도 감사하고, 지금 내가 다니고 있는 교회도 감사합니다. 내게 고통을 주고 있는 환경도 감사합니다. 그것에 내 신앙을 더욱 성장시키려는 하나님의 뜻이 담겨져 있었습니다. 사람들이 내게 아픔과 고통을 주는 것도 하나님이 그 사람을 막대기로 사용하셔서 나를 훈련시키기 위해서였습니다. 그것 때문에 나는 아팠고, 고통스러웠고, 울어야 할 때도 있었고, 섭섭할 때도 있었습니다. 그러나 조개에 조그마한 모래알이 들어가면 그것 때문에 아픔을 겪다가 진주가 되듯이, 하나님은 그 아픔을 통해 내 믿음을 진주로 만드셨습니다.

모든 것을 잃어버리면 그제야 가장 소중한 것이 비로소 보이듯이, 모든 것을 잃어버렸지만 가장 소중한 믿음을 얻었습니다. 이제 와서 보니 문제는 떠나갔고, 나는 이렇게 영적으로 성숙해져 있었습니다. 눈물을 하염없이 흘려야 했지만 그 눈물 때문에 내 기도와 영성은 풍성해졌습니다. 다 있어야 행복한 것이 아닙니다. 다 있어야 기뻐하는 것이 아닙니다. 감사로 고백할 때 원망은 물러가게 되고, 결핍의식에서부터 벗어날 수 있게 됩니다. 내가 만난 환경과 사건과 사람과 역경은 나를 낮추고 내 교만을 꺾고 내 자아를 깨트리시면서 하나님만을 사모하게 하려는 하나님의 훈련재료입니다. 감사하므로 이 원망에서부터 벗어나 복의 통로가 활짝 열리시기를 우리 주 예수님의 이름으로 축원합니다.

"우리가 세상에 아무 것도 가지고 온 것이 없으매 또한 아무 것도 가지고 가지 못하리니 우리가 먹을 것과 입을 것이 있은즉 족한 줄로 알 것이니라"(딤전 6:7-8)

원망했던 것에 대한 회개기도

하나님 아버지!

제가 지난 세월 살아오는 동안에 이스라엘 백성들처럼 원망했던 적이 있었음을 자백합니다. 때로는 재정적인 압박 때문에, 때로는 직장 때문에, 때로는 가정불화로, 때로는 성도들 사이에서 일어난 갈등을 슬기롭게 대처하지 못한 것 때문에 여러 가지 이유로 원망했던 죄를 회개하오니 용서하여 주시옵소서.

때로 원망의 모든 원인을 남의 탓으로 돌리기도 했었습니다. 환경이 바뀌기를 바랐고, 나에게 해를 입힌 자가 변화되기를 바라면서 정작 저는 변화되지 못했습니다. 이 또한 저의 죄임을 자백하오니 용서하여 주시기만을 기도하옵나이다.

이제부터는 사소한 것에서부터 감사하며 살아가도록 하겠습니다. 감사가 저에게서 떠나지 않게 하시고 감사하는 습관을 들이며 살아가게 하옵소서. 그래서 원망에서부터 벗어나는 자가 되게 하여 주시옵소서.

예수님의 이름으로 기도하옵나이다. 아멘.

8.

영적 성숙의 적, 미움

미움과 분노란

　미움이란 뭔가가 꼴사납고 마음에 들지 않아 거리끼고 싫어하는 감정을 말합니다. 분노는 분개하여 크게 화를 내는 것을 말하는데 분노와 미움은 같은 부류에 속합니다. 분노가 외부적인 것이라면 미움은 내면적입니다. 분노가 외부로 나타나는 것이라면 미움은 내면에 있습니다. 미움이 분노의 뿌리라면 분노는 그 뿌리가 열매로 나타난 것이라 할 수 있습니다. 분노가 바깥으로 표출된 행동이라면 미움은 분노를 일으키는 원인입니다.

　그래서 이 미움을 경계해야 하고 멀리해야 합니다. 이것이 우리의 신앙을 갉아먹고 뿌리째 흔들어놓을 때가 있기 때문입니다. 이 미움 때문에 뜨거웠던 내 믿음도, 기도도, 사랑도, 헌신도, 와르르 무너집니다. 아름다워야 할 성도 사이가 원수 같은 사이가 되고, 아름다워야 할 부부 사이가 원수 같은 사이가 되기도 합니다.

우리가 하나님을 사모하며 예수님으로 살아가면 내 성격이 변하고, 성품이 변하고 기질이 변합니다. 거친 말이 부드러워집니다.

"또 새 영을 너희 속에 두고 새 마음을 너희에게 주되 너희 육신에서 굳은 마음을 제하고 부드러운 마음을 줄 것이며"(겔 36:26).

사랑하지 못하던 사람을 사랑하게 되고, 참지 못하던 사람이 참을 줄 알고, 불순종하던 사람이 순종의 사람으로 변합니다. 이렇게 영적으로 우리는 계속 자라가야 하지만 사탄은 외부로부터 들어오는 말을 통해 내 마음에 분노와 미움과 증오와 복수심을 일으켜 영적 성숙을 가로막으려고 합니다. 사탄은 내 감정을 통해 속삭입니다. "나만 억울하다고, 나만 손해를 본다고, 나만 바보 취급을 당한다고, 나만 왕따를 당한다고, 더 이상 참아서는 안 된다고, 왜 그렇게 당하고만 사느냐고, 그런 말을 듣고 왜 잠잠히 있느냐"고 합니다. 그럴듯하게 들리는 말 같지만 내 속에서 일어나는 그 속삭임의 말을 따라가면 증오와 재앙과 파멸만이 남을 뿐입니다.

미움이 일어나는 이유

내가 가만히 있는데 미워지는 경우는 없습니다. 대개는 외부에서부터 오는 상처와 폭언과 자존심을 상하게 하는 말들과 환경 때문에 일어납니다. 때로는 마음을 상하게 하는 말을 들었을 때, 비난의 말을 들었을 때 일어납니다. 때로는 의지를 꺾어버리는 말을 들었을 때, 나를 무시하는 말을 들었을 때 일어나기도 합니다. 때로는 바가지를 너무나 긁어대는 아내 때문에 미움이 일어나기도 합니다. 때로는 뒤에서 나를 비방하는 말 때문에 충격을 받아 미움이 일어나기도 합니다.

미움을 묵상하고 그것을 끄집어내어 되새김질하면서 내 속에서 소설을 쓰게 되면 점점 더 깊은 수렁 속으로 빠져들어 갑니다. 또한 그것은 확대 재생산이 되면서 눈덩이처럼 불어나는데 이런 충격에서 벗어나려면 예수님을 묵상하고 기도로 풀어내어야만 합니다.

모 교회에서 목회를 할 때에 하나님이 은혜를 주셔서 교회가 부흥되기 시작하자 교육관이 문제가 되었습니다. 교육관을 만들었지만 그것도 부족해서 당회에서 의논한 결과 당시 교회가 임대로 내어주었던 어린이집을 내보내고 그곳을 리모델링해서 제2교육관으로 만들기로 결정했습니다. 그 결정을 어린이집을 임대하여 운영하던 집사님에게 통보했는데, 집사님은 그것을 받아들이지 않았고 그때부터 몇 달 동안 교회와 저를 힘들게 했습니다. 휘발유를 사서 예배당에 불을 지르겠다는 위협까지 했습니다. 그래서 새벽기도회를 인도하러 가지 못한 적도 있었습니다. 신문사까지 동원해서 목사 옷을 벗기겠다고 했습니다. 어떤 때는 봉고차를 몰고 저를 향해 돌진해 오기도 했었습니다. 이럴 때 어떻게 해야 하겠습니까? 미워해야 하겠습니까? 아닙니다. 용서로 풀어야 합니다.

나에게는 미운 사람이 없을까요? 나에게 행한 대로 갚아주고 싶은 사람이 없을까요? 나에게 말로 인한 상처를 안겨준 사람은 없을까요? 그 사람은 바람피우는 남편일 수 있습니다. 늘 흠을 잡으려고 하는 시어머니일 수 있습니다. 연세가 높으신 부모님을 맡겨두고 얼굴도 내밀지 않는 형제일 수 있습니다. 부모를 돌보지 않는 자식일 수 있습니다. 매일 저녁 술 냄새를 푹푹 풍기며 늦은 시간에 귀가하는 남편일 수 있습니다. 가족을 돌보지 않았던 아버지일 수 있습니다. 만나기만 하면 제 자랑을 늘어놓으며 거만을 떠는 성도일 수 있습니다. 직장에서 자기 자랑을 늘어놓는 직장 동료일 수 있습니다. 나에게 빚더미를 안겨주고는 미안하다는 말 한마디 없이 지내는 친구일 수 있습니다. 이럴 때 일어나는 미움을 어떻게 처리해야 할까요?

마음에 예수를 팔려는 생각을 넣었더니

사탄은 생각을 통해서 내 속으로 들어오는 경우가 많습니다. 생각과 감정은 사탄이 나를 움직이고 통제하는 문이요, 통로가 될 수 있는데 사탄이 내 속사람, 안에 들어오기 위해 어떤 생각을 집어넣습니다.

> "열둘 중의 하나인 가룟인이라 부르는 유다에게 사탄이 들어가니 이에 유다가 대제사장들과 성전 경비대장들에게 가서 예수를 넘겨 줄 방도를 의논하매"(눅 22:3-4).

예수님을 팔려고 했던 것은 가룟 유다의 생각이었습니다. 하지만 그 마음을 집어넣어 준 것은 사탄이었습니다. 그래서 가룟 유다에게 사탄이 들어갔다고 했습니다. 가룟 유다는 예수님을 팔아

버리는 것을 아무런 거리낌이 없이 자신의 생각이라고 여기며 받아들였습니다. 하지만 사탄은 바로 그 순간에 가룟 유다의 마음을 완전히 장악했고 대제사장에게 가서 예수를 넘겨줄 테니 얼마를 주겠느냐며 가격 흥정을 하게 되었습니다.

외부에서 들어온 환경과 정보와 말을 통해 그것을 내 생각으로 여기면서 거부하지 않고 받아들이면 점차적으로 내 속사람 깊이 들어가게 됩니다. 그리고 내 속 깊은 곳에 자리를 잡으면 서서히 나를 통제하기 시작합니다.

서운한 마음, 섭섭병이라는 것도 그렇습니다. "목사님! 섭섭합니다. 장로님! 섭섭합니다. 성도님들! 너무 섭섭합니다. 내가 이 교회를 위해 이렇게 헌신했는데 나에게 이럴 수 있습니까? 내가 당신과 함께 이렇게 살아왔는데 이럴 수 있어! 아들아! 내가 너를 어떻게 키웠는데 부모에게 이럴 수 있어? 너무 섭섭하다!" 그런 말을 하는 순간에 서러운 마음이 올라오면서 불쾌감이 일어납니다. 그것을 물리치지 않고 묵상하면 악한 영은 나를 통제하기 시작합니다.

따라서 내 속으로 미움을 배달하는 배달부는 바로 사탄입니다. 미워할수록 사탄은 더욱더 강력한 힘을 발휘하게 됩니다. 사탄은 사랑의 분위기 속에서는 잘 움직이지 않습니다. 햇살이 잘

드는 곳에 곰팡이가 낄 수 없듯이 말입니다. 사랑의 분위기, 서로 축복하고 격려하는 분위기 속에서는 아주 약해집니다. 그러나 미움의 분위기 속에서는 활력을 얻게 되고, 강력한 에너지를 공급받게 됩니다. 미움 때문에 일어나는 시기와 질투와 험담과 비난과 멸시와 교만과 정죄들은 사탄에게 힘과 에너지를 공급해 줍니다.

화를 잘 내는 것도 내 성격 때문이 아닙니다. 속에서 불같이 올라오는 것도 내 성격 탓이 아닙니다. 나로 하여금 분노하게 하는 일이 너무나 많다고 말하지만 그것은 착각입니다. 분노는 세상에 있는 것이 아니라 바로 내 속에 있습니다. 미움도 외부에서 온 자극 때문이 아니라 바로 내 속에 있습니다. 그것을 거부하지 않고 받아들인 내 속사람에게 있습니다. 그리고 그것은 전적으로 내 책임에 속합니다.

형제를 미워하는 자마다 살인하는 자

"그 형제를 미워하는 자마다 살인하는 자니 살인하는 자마다 영생이 그 속에 거하지 아니하는 것을 너희가 아는 바라"(요일 3:15).

속에 미움이 가득한 자는 어떤 자라고 했습니까? "살인하는 자다. 영생이 없는 자다. 다시 말하면 하나님이 주신 생명이 없는 자다. 거듭난 자가 아니다. 하나님을 제대로 만난 자가 아니다"라고 했습니다.

강아지가 개줄에 묶여 있을 때 개줄 안에서 자유를 누립니다. 그러나 그 선 밖으로 나가려고 하는 순간 개줄이 강아지를 확 잡아당깁니다. 미움이란 바로 그와 같습니다. 평상시에는 잘 모릅니다. 그러나 어떤 조건이 주어지면 확하고 치밀어 오르면서 악한 영이 나를 사정없이 잡아당겨 버립니다. 그리고 밖으로 미움과 분노를 폭발하게 만들어 버립니다. 사탄은 하나님과의 화목을 방해하고, 사람과의 화목을 방해하기 위해 어떻게 해서든지 막으려고 합니다.

그러나 성경의 관심은 화목입니다. 사람이 죄로 말미암아 하나님과 불화하게 된 이후부터 성경의 모든 관심은 하나님과 사람 사이, 사람과 사람 사이가 화목의 관계를 회복하고, 하나님이 세상과 사람을 만드신 그 처음의 질서로 돌아가는 데에 있습니다.

용서로 치유되는 미움

　문제는 상처 자체가 아니라 상처가 아물지 못하게끔 끊임없이 사람들을 미워하게 하는 죄입니다. 내 자신입니다. 그것에서 벗어나기 위해서는 십자가의 용서로 풀어야 합니다. 나는 이미 십자가에 못 박혀 죽었다고 고백했다면 그것을 나를 위한 훈련도구로 삼아야 합니다.

　어느 남편이 열받을 일만 있으면 아내를 폭행했다고 합니다. 그러다 보니 그것이 습관이 되어 버렸습니다. 남편은 이런 자신의 모습이 싫었고 자기 마음속에 왜 이렇게 불이 있는지 몰랐습니다. 그런데 어느 날 기도하던 중에 깨달아진 것이 있었습니다.
　아버지가 알코올 중독자라서 술만 먹고 오면 어머니에게 행패를 부리는 것을 보며 자랐습니다. 그런 가정환경 속에서 자라다 보니 어머니에게 행패를 부리는 아버지가 미웠고 집에서 빨리 탈출하고 싶었습니다. 그래서 나중에는 독립했고 결혼을 해서 가정을 이루었습니다. 이제는 모든 것이 끝난 줄 알았습니다. '불행 끝, 행복 시작'인 줄 알았습니다.

하지만 그분의 마음속에는 지난날 가정폭력을 일삼았던 아버지에 대한 미움과 원망이 도사리고 있었고, 이 미움이 잠재의식 속에 숨어 있다가 폭발하는 것임을 뒤늦게 알게 되었습니다. 자신 안에 무섭게 자리 잡고 있던 미움을 보면서 회개하기 시작했습니다.

"하나님! 지난날 아버지가 잘못한 것을 용서합니다. 아버지를 용서합니다."

그러자 성령님이 그분의 마음을 어루만지기 시작했습니다. 기도하는 가운데 속이 거북해지고 구역질이 올라오는 느낌이 들었습니다. 자유와 평안이 찾아왔고 아내를 폭행하는 일은 사라졌다고 합니다. 미움이 솟아날 때 악한 영들은 마음의 상처를 미끼로 상대를 미워하게 하지만 내가 용서로 풀면 됩니다.

야곱과 에서의 용서

창세기 33장을 보면 야곱과 형 에서가 20년 만에 만나는 극적인 장면이 나옵니다. 에서는 동생 야곱으로부터 장자의 명분을 빼앗기고 피해의식을 가지고 살았습니다. 야곱은 형 에서가 배고픈 기회를 이용해 팥죽 한 그릇으로 장자의 명분을 빼앗아 버렸습니다. 눈이 어두운 아버지를 속이고 장자의 축복기도를 받았고 밧단 아람으로 도망을 갔습니다. 그때 에서의 마음이 창세기 27장 41절에 기록되어 있습니다.

"그의 아버지가 야곱에게 축복한 그 축복으로 말미암아 에서가 야곱을 미워하여 심중에 이르기를 아버지를 곡할 때가 가까웠은즉 내가 내 아우 야곱을 죽이리라 하였더니"(창 27:41).

에서는 20년을 동생에게 복수하기 위해 살아왔습니다. 야곱이 다시 고향으로 돌아온다는 소식을 듣자 에서는 종들을 데리고 간 것이 아니라 군사들을, 그것도 한두 명이 아니라 400명을 데리고 야곱을 맞으러 갔습니다. 왜냐하면 복수의 혈전을 벌이기 위해서였습니다. 그런데 야곱은 그 순간 형에게 용서를 구했습니다.

"자기는 그들 앞에서 나아가되 몸을 일곱 번 땅에 굽히며 그의 형 에서에게 가까이 가니"(창 33:3).

전장에서 항복한 패장이 적장에게 나아갈 때 항복한다는 뜻으로 무릎을 꿇고 나아갔던 것처럼 형님 앞에 일곱 번이나 엎드려 절을 하며 나아갔습니다. 이것이 야곱에게 가능한 일이었겠습니까? 야곱은 지나온 20년 세월 동안 객지생활을 하면서 기죽지 않고 살려고 얼마나 노력했는지 모릅니다. 하나님의 도움이 있었지만 그는 피눈물을 흘리며 자수성가한 사람입니다. 그러나 이 순간 자존심마저 다 버렸고, 형님 앞에 무릎을 꿇고 일곱 번이나 엎드려 절을 하면서 형님의 용서를 구했습니다. 그러자 진정으로 용서를 구하는 그에게 형 에서는 더 이상 칼을 들 수가 없었습니다.

"에서가 달려와서 그를 맞이하여 안고 목을 어긋맞추어 그와 입맞추고 서로 우니라"(창 33:4).

형 에서가 동생 야곱을 향해 달려갔다고 했습니다. 야곱이 달려간 것이 아닙니다. 형 에서가 동생 야곱에게로 달려갔습니다. 그리고 형 에서가 동생을 껴안고 울었습니다. 용서가 미움의 포로가 되어 있던 에서의 마음을 움직였고 에서의 마음에 있던 응어리도 풀어지게 만들었습니다.

세상에서 가장 따스한 이불은 상대의 허물을 덮어주는 용서입니다. 백사장을 걸으면 발자국이 찍히는데 많은 사람들이 백사장을 밟습니다. 어떤 때는 사람 발자국도 있지만 갈매기 발자국도 있고 애완견 발자국도 있습니다. 그러나 파도가 밀려오면 수많은 발자국들이 파도에 휩쓸려 흔적도 없이 사라지고 맙니다. 원한도, 억울함도, 분함도, 아픔도, 모든 상처를 예수님의 이름으로 용서하십시오. 그러면 내 마음은 평정을 되찾습니다. 여기에는 내 의지가 따라야 합니다. 의지를 작동시켜 그렇게 용서를 할 때 자유함을 누리게 됩니다.

아무리 나에게 말과 행동을 통해 피해를 주었다 할지라도 그분은 나의 아버지입니다. 그분은 나의 아내요 남편입니다. 본의 아니게 심한 말로 나에게 상처를 준 사람은 나의 어머니입니다. 내 아들이요, 내 딸입니다. 그분은 그리스도 안에서 예수님의 피로 구속함을 입은 성도요, 나의 형제요, 자매입니다. 예수님은 그분을 위해서도 십자가에서 피를 흘려 주셨습니다. 하나님의 은혜가 임하면 그도 하나님 앞에 크게 쓰임받을 형제입니다. 그러므로 용서하십시오. 용서를 비십시오. 그래야 복을 받습니다.

"너희가 사람의 잘못을 용서하면 너희 하늘 아버지께서도 너희 잘못을 용서하시려니와 너희가 사람의 잘못을 용서하지 아니하면 너희 아버지께서도 너희 잘못을 용서하지 아니하시리라"(마 6:14-15).

우리가 사람의 잘못을 용서하지 아니하면 하나님께서도 우리의 잘못을 용서하지 않으신다고 했습니다. 이 말씀은 우리로 하여금 당황하게 만듭니다. 내가 다른 사람의 죄를 용서하지 않으면 하나님이 나의 죄를 결단코 용서하지 않으신다는 조건부처럼 보이기 때문입니다. 그러나 예수님이 하신 이 말씀은 남을 용서해주는 것을 조건으로 나의 죄를 용서해주시는 것을 말씀하시는 것이 아닙니다. 하나님의 용서는 조건적이 아니기 때문입니다. 따라서 이것은 용서받은 자에게 나타나는 결과에 강조를 둔 말씀입니다. 나의 무수한 죄가 용서를 받았다면 다른 사람이 내게 잘못을 했을 때에 나는 당연히 용서해야 한다는 뜻입니다.

"누가 누구에게 불만이 있거든 서로 용납하여 피차 용서하되 주께서 너희를 용서하신 것과 같이 너희도 그리하고"(골 3:13).

나는 예수님의 십자가를 통해 용서를 받았던 사람입니다. 그런 용서를 체험한 사람입니다. 살아오면서 수많은 비난과 멸시와 헐뜯는 말을 했음에도 나는 용서를 받았습니다. 그렇다면 내가 그런 말을 들었을 때 내 안에 계신 그리스도를 통하여 마땅히 용서하는 자가 되어야 하지 않겠습니까?

우리들이 이 세상에 줄 수 있는 최고의 선물은 용서입니다. "하나님! 저분이 나에게 행한 행동과 말을 예수님의 이름으로 용서합니다." 다른 사람이 내게 비난의 말을 했다면 나 역시 하나님께 대하여 불평과 불만을 늘어놓은 적이 있었던 때를 살피면서 겸손히 나 자신을 하나님 앞에 낮추어야 하고 그분을 예수님의 이름으로 용서해야 합니다.

피해의식을 드러내지 말라

나아가 용서했다면 피해의식의 종이 되지 말아야 합니다. 야곱은 자기를 사랑으로 받아주는 형 앞에서 감격의 눈물을 흘렸고 에서도 용서를 구하는 동생을 보며 감격의 눈물을 흘렸습니다. 그리고 그들은 옛날의 사건을 다시는 입 밖에 내지 않았습니다.

어떻게 해야 진정으로 피해의식을 창조적인 기회로 바꿀 수 있겠습니까? 피해의식을 일체 드러내지 않으면 됩니다. "당신, 신혼 때 나에게 한 일 죽어도 잊을 수 없다. 그분이 내게 한 일을 나는 결코 잊을 수 없다. 그 성도님이 교회에 한 일을 생각하면 결코 잊을 수 없다"라고 하면 안 됩니다. 내 속 깊은 곳에 저장해 두고는 두고두고 끄집어내어 보려고 하는 생각을 버려야 합니다.

"나 곧 나는 나를 위하여 네 허물을 도말하는 자니 네 죄를 기억하지 아니하리라"(사 43:25).

하나님은 나에게 "네가 지은 죄! 죽어도 잊을 수 없다"고 하신 적이 없습니다. 도리어 내가 지은 죄를 용서해 주셨고 기억하지도 않으셨습니다. 우리가 하나님 앞에 나아가 예배드리고, 기도하고, 신앙생활을 할 수 있는 것은 그런 용서함과 잊어버림이 있기 때문입니다. 하나님은 나의 죄를 기억도 하지 않으시는데 다른 사람이 내게 잘못한 것을 기억하려고 한다면 그것은 빛바랜 용서일 뿐입니다. 십자가의 피로 용서받았다면, 용서했다면, 그 문제는 죽는 날까지 입 밖으로 내지 마십시오. 그렇게 할 때 과거의 피해의식이 하나님 앞에 창조적인 능력으로 쓰임받게 됩니다.

용서로 푸시기 바랍니다. 그래서 내 마음을 사로잡고 있는 미움의 사슬에서 해방될 수 있기를 바랍니다. 그리할 때 미움이 쫓겨나간 자리에 우리 주 예수님의 사랑이 가득 차게 될 줄 믿습니다.

"노하기를 더디하는 것이 사람의 슬기요 허물을 용서하는 것이 자기의 영광이니라"(잠 19:11).

미워했던 것에 대한 회개기도

하나님 아버지!

제가 용서하지 못하고 있는 부분을 하나님은 너무나도 잘 아십니다. 하지만 내게 상처를 준 사람을 예수님의 이름으로 용서합니다. 그 사건과 현장 속에 저 혼자만 있었던 것이 아니라 나를 붙드시는 성령님이 함께 계셨음을 믿습니다. 저의 아픈 마음을 어루만져 주시고 위로하여 주시옵소서.

나아가 저 역시 제가 잘못을 했을 때 솔직하게 용서를 비는 자가 되게 하여 주시옵소서. 그리고 제가 상처를 준 사람에게 찾아가 용서를 빌겠습니다. 제가 손해를 끼친 것이 있다면 갚도록 하겠습니다. 이제 성령님이 저의 마음을 부드럽게 해주시고 우리 주 예수님을 닮아가는 자로 살아가게 하여 주시옵소서.

예수님의 이름으로 기도하옵나이다. 아멘.

9.

벗어나야 할 올무, **헛소문**

헛소문이란

　헛소문이란 근거 없이 떠도는 소문을 말합니다. 소문 앞에 '헛'이라는 접두어가 붙어 있는데 이 '헛'이라는 것은 명사 앞에 붙어서 실속이 없거나 쓸데없는 것을 말할 때 사용됩니다. 따라서 헛소문이란 근거 없는 것이거나 사실무근으로 떠도는 소문이라고 할 수 있습니다.

헛소문의 파괴력

　여러분들은 살아오면서 헛소문의 대상이 되어 보신 적은 없으셨습니까? 헛소문의 화살을 맞아보신 적은 없으셨습니까? 그런 소문을 퍼트린 사람이 죽도록 미웠던 적은 없으셨습니까? 제대로 알고 나면 그 사람이 문제가 아님을 알 수 있습니다. 그 사람을 이용하는 사탄의 세력이 그 배후에 있었다는 것을 알면 소스라치게 놀랄 수밖에 없습니다. 이것을 몰랐기에 화살을 맞는 순간, "이럴 수가 있나!" 하면서 사람을 미워했고, 좌절했고, 가슴 아파했고, 어떤 때는 잠도 제대로 자지 못하면서 끙끙거렸습니다. 그러다 보니 믿음의 성장은 멈추어졌습니다. 기도를 해도 응답을 받지 못했습니다. 강한 성령님의 역사가 내게서 일어나지 못했습니다.

이집트의 피라미드나 우리나라의 산성 같은 경우도 그렇습니다만 그런 건축물을 세울 때는 큰 돌을 가지고 만듭니다. 어떻게 사막 한가운데 또는 산속에 그런 건축물을 만들 수 있었을까요? 그런 건축물을 축조하기 위해서는 큰 돌을 쪼개야 하는데 그럴 때 나무쐐기를 사용했다고 합니다. 돌을 쪼갤 때는 깨려고 하는 큰 바위에 먼저 구멍을 냅니다. 어느 정도 깊이로 구멍이 나면 그곳에 적당한 크기의 나무쐐기를 석재에 박습니다. 그리고 거기에다가 물을 부으면 나무쐐기가 팽창하기 시작하고 한참이 지나면 아무리 육중한 바위라도 결국 쪼개어지고 맙니다.

이처럼 사탄은 조그마한 틈을 파고들어 나를 무너지게 합니다. 헛소문을 통해 우리들의 신앙을 무력화시키고, 그리스도 안에서 형제자매 된 성도들 사이를, 부부 사이를, 가족 사이를 쐐기와 같이 파고들어 갈라지게 만듭니다. 소문을 확인해 보고 싶어도 체면 때문에, 그리고 말을 전달해 준 사람이 도리어 상처를 입을까 봐, 혹시라도 교회를 떠날까 싶어서 확인해 보지도 못하고 끙끙거리며 아픈 상처를 끌어안고 살 때가 더러 있습니다.

어느 교회에서 있었던 일입니다. 당회를 하면서 장로님들이 목사님을 향해 "돈 없는 성도들은 심방도 하지 않고 돈 있는 자만 심방한다"고 하면서 공격하기 시작했습니다. 그러면서 그 이유를 말하는데 성도들 중에 중소기업을 운영하는 분이 있었는데 그분은 성도들 가운데서도 가장 좋은 승용차를 타고 다녔습니다. 그분이 교회에 등록을 했었습니다. 그런데 그분 부인이 경미한 자동차 접촉사고를 당해 입원을 했습니다. 그분은 목사님에게 전화를 걸어 '경미한 사고니 걱정하지 말고 절대로 심방 오시지 말라'고 했습니다. 그리고 어느 병원에 입원했는지조차도 알려주지 않았습니다. 그런데 다른 성도가 하필이면 그분이 입원해 있었던 병원에 다른 사람 병문안을 갔다가 그 부인이 입원했다는 것을 알았고 마치 목사님이 심방을 온 것처럼 그렇게 말을 부풀려 퍼뜨렸습니다. 그러자 그 말이 장로님들 귀에 들어갔고 당회를 하면서 장로님들이 힘을 모아 목사님에게 따지지 시작했던 것입니다. 목사님은 그것이 사실이 아니라고 자초지종을 설명해도 도리어 무마시키려 한다고 하면서 더 세차게 공격을 하기 시작했습니다. 그 일로 목사님은 설교를 할 때에도 힘을 잃어버렸습니다. 교회는 점차적으로 성장 동력이 떨어지면서 침체의 늪에 빠져들어 가게 되었습니다.

어느 공동체나 헛소문은 치명적인 명예훼손을 가져오고, 이미지를 실추시킬 뿐 아니라 신뢰 상실로 가정이나 교회, 그리고 사회공동체의 위기를 부르게 됩니다. 헛소문은 선정적이고 자극적이고 치명적이어서 가공할 만한 파괴력을 지닙니다.

어느 유명한 아귀찜 식당이 문제가 있다는 소문이 나자 손님들의 발길이 뚝 끊어졌습니다. 장사가 잘 되니까 다른 집에서 시기를 해서 헛소문을 내었기 때문입니다. 국산이 아니라 외국산을 국산으로 속여 판다는 것이 주요 골자였습니다. 너무 억울한 주인이 식당 안에다가 '우리는 소문과 다릅니다. 거짓된 소문을 낸 사람을 알려주시면 사례하겠습니다'라는 문구까지 써 붙여 둔 것을 본 적이 있습니다.

좋은 소문을 내기

이런 악성 소문보다는 좋은 소문이 얼마나 좋습니까? 부흥의 첫 단추는 우리 입으로 교회를 자랑하는 데 있습니다. 물론 교회는 사람들이 모인 곳이기 때문에 결코 완전할 수가 없습니다. 언제나 연약성이 있고 허물이 있고 그림자가 있습니다. 그럼에도 불구하고 교회를 세우기 위해 예수님이 십자가에서 자신의 목숨을 내어주셨고 보혈의 피를 흘려 주셨습니다. 때문에 하나님은 교회를 얼마나 사랑하시는지 모릅니다.

"교회는 그의 몸이니 만물 안에서 만물을 충만하게 하시는 이의 충만함이니라"(엡 1:23).

하나님은 교회를 통하여 우리들에게 은혜와 복을 충만하게 부어 주십니다. 교회를 통하여 하나님의 백성들이 믿음 생활 하기를 원하시고 교회를 통하여 우리를 연단시키시고, 은혜를 받게 하시고, 하나님의 살아 계심을 체험하게 하십니다. 우리는 교회와 함께 살고, 교회와 함께 자라고, 교회와 함께 은혜와 복을 받다가, 교회와 함께 일생을 마칩니다. 그러기에 교회를 사랑하고 자랑해야 합니다.

"우리 교회는 은혜로운 교회다. 병든 자가 치유함을 받는 교회다. 하나님이 복을 주심으로 가난한 자가 부요해지는 복을 받는 교회다. 목사님의 설교는 우리의 영을 살리는 말씀이다. 성도들의 사랑이 넘치는 교회다. 장로님들이 교회와 성도들을 잘 섬기는 교회다. 자녀들이 부모 세대보다 훨씬 잘되는 교회다. 성령님의 임재가 강한 예배가 드려지는 교회다."

"주의 말씀이 너희에게로부터 마게도냐와 아가야에만 들릴 뿐 아니라 하나님을 향하는 너희 믿음의 소문이 각처에 퍼졌으므로 우리는 아무 말도 할 것이 없노라"(살전 1:8).

그렇게 고백하는 자에게 하나님이 복을 주시고 형통케 하시고 자녀들이 잘되는 복을 주실 줄 믿습니다.

헛소문의 근원지가 된 제단

여호수아 22장은 이스라엘 백성들이 광야를 지나 가나안 땅에 들어가 가나안 정복을 마치고 땅 분배를 마친 시기에 일어난 사건을 다루고 있습니다. 이제 도약과 큰 변화를 일으켜야 할 시기입니다. 그런데 이때 사선을 넘나들며 정복전쟁을 벌였던 어제의 동지가 오늘의 적이 되어버리는 사건이 일어나게 되었습니다.

르우벤 자손과 갓 자손 그리고 므낫세 반 지파는 7년 동안 가나안 정복을 위해 최선봉에 서서 전쟁을 승리로 이끌었습니다. 가나안 땅 분배를 마친 여호수아는 그들에게 많은 재물을 주면서 그들의 아내와 아들이 있는 요단강 동쪽으로 가도록 허락해 주었습니다. 누구나 감격적인 날을 기념하고 싶어 하지 않습니까? 지나온 7년 전쟁을 회고해 보니 하나님의 은혜였고 너무나 감사했습니다. 그래서 그들은 멀리서도 볼 수 있을 만큼 큰 제단을 요단 강가에 세웠습니다.

이 제단을 쌓은 이유는 하나님을 믿는 신앙을 보존하기 위해서였습니다. 그리고 지파 간의 연대의식을 갖게 하기 위해서였고, 가나안 정복전쟁을 몰랐던 다음 세대에게 신앙교육을 시키기 위해서였습니다. 그런데 이것이 너무나 큰 화근이 될 줄 몰랐습니다. 하나님은 한 곳에만 제단을 쌓고 거기서 제사를 드리도록 하셨는데 진위여부를 알아보지도 않은 채 또 다른 제단을 쌓았다는 헛소문을 누군가가 퍼뜨렸기 때문입니다.

헛소문에는 일부 사실적인 내용이 있기는 합니다. 르우벤 지파가 단을 쌓은 것은 사실적인 내용입니다. 그러나 그 배경과 이유에 대해서는 전혀 엉뚱한 해석이 붙여져서 전혀 다른 내용이 되어 버렸습니다.

이런 경우가 있지 않습니까? 남편이 직장에 출근했는데 여직원과 함께 은행 업무가 있어서 같이 간 것을 우연히 내 집 옆에 사는 아주머니가 보았습니다. 그러자 전화를 걸어 뭐라고 합니까? "아이고! 애기 엄마 큰일 났어. 당신 남편 바람났는가 봐! 어떤 미모의 아가씨와 모텔로 들어가는 것을 내가 봤어!" 엉뚱한 해석이 붙여졌습니다. 그런데 그런 말을 들은 부인은 이렇게 말을 했다고 합니다. "그렇게 알려줘서 고맙습니다. 하지만 저는 내 남편을 믿습니다. 아마 잘못 보셨을 수도 있습니다. 남편이 퇴근하면 물어보겠습니다."

퇴근한 남편으로부터 자초지종을 듣게 되자 사실이 아니라는 것을 알게 되었습니다. 헛소문을 믿고 남편에게 화를 내고 울고불고했다면 어찌 되었겠습니까? 헛소문 안에는 일부 정보가 들어 있을 때도 있지만 충분히 그때의 상황과 전후 사정을 다 듣고 나면 와전되어 있다는 것을 알 때가 많습니다.

이렇게 말을 하더라

본인에게 확인해 보지도 않고 흘러 다니는 말들이 돌고 돌아 내게 돌아왔을 때 가슴이 무척이나 아픕니다. 진원지가 정확하지 않은 말들이 꼬리에 꼬리를 물고 늘어나서 괴롭힐 때가 있습니다. 그것을 확인해 보지도 않고 모여 있는 곳에서 "이렇게 말을 하더라"는 헛소문을 풀어놓는 것은 누구 좋으라고 하는 것일까요? 하나님입니까? 아니면 사탄입니까? 그것이 성령님의 역사입니까? 아니면 사탄의 역사입니까? 그런 말을 할 때에 나는 거룩한 성령님에게 쓰임받고 있는 것입니까? 아니면 사탄의 하수인으로 쓰임받고 있는 것입니까?

르우벤 지파를 비롯한 두 지파 반이 이런 단을 쌓았다고 말을 한 사람이 누구인지 성경에 나와 있지 않습니다. 사탄이 교회와 성도들을 공격할 때 바로 이런 방법을 쓰고 있습니다. 진원지가 누구인지 모를 때가 많습니다. 몸통은 있는데 머리는 없습니다. 파 들어가 보면 정작 누가 그런 말을 했는지 실체가 불분명합니다. 그런데도 그것이 진실인 것처럼 당사자가 없을 때, 여러 사람들이 모여 있는 곳에서 쏟아내기 시작하면 "원수에게 조롱거리가 되게"(출 32:25) 하는 것이 되고 맙니다.

교회 행사가 있을 때 할 수 있으면 모든 성도들이 협력하는 것이 성도의 자세입니다. 그런데 "누가 간다, 안 간다. 그 사람은 왜 안 가지?" 본인에게 정확한 이유를 확인도 해보지 않은 채 소문이 되어 돌아다닙니다. 못 가시는 분들이야 다 사정이 있고, 못 가시는 분들의 마음이야 오죽하겠습니까? 회사 일 때문에 또한 집안 사정 때문에 못 가시는 분들의 그 아픈 마음을 헤아려 주고, "당신이 받을 은혜 내가 다 받고 올게" 그렇게 말을 해준다면 서로에게 힘이 되지 않겠습니까? 못 가시는 분은 뒤에서 기도해주고, 가시는 분들은 하나님의 은혜를 사모하는 것이 바로 성령 충만한 성도들의 자세입니다.

소문을 공론화시키지 말라

사석에서 들은 것을 가지고 공론화시켜 남을 공격하는 일을 하지 말아야 합니다. 설령 그것이 사실일지라도 그것을 공론화시키는 것은 신자들이 가져야 할 자세가 아닙니다. 상대에게 유익이 되지 않는다면 말하지 않는 지혜가 필요합니다. 왜냐하면 우리 모두는 헛된 소문의 피해자와 범죄자가 될 수 있기 때문입니다. 한번 퍼져버린 헛소문은 주워 담을 수가 없습니다.

제가 노회 부회록서기를 한 적이 있었습니다. 새로 구성된 임원들과 함께 베트남과 캄보디아로 임원 연수회를 떠났습니다. 타고 가던 비행기 안에서 기내식을 하게 되었는데 식사를 하면서 노회 임원 두 분이 기내에서 제공되는 와인을 마시는 것을 보게 되었습니다. 베트남 하롱베이에 가면 배를 타고 관광을 하게 되는

데 그때 배 안에서 회를 먹게 됩니다. 그런데 거기서 비행기에서 보았던 그 두 분이 술을 몇 잔 마시는 것을 보았습니다. 저는 다른 임원에게 이 문제를 빨리 해결하지 않으면 어떤 일이 발생할지 모르지 않겠느냐고 했었습니다. 나중에 한국에 돌아왔을 때 결국 문제가 터지고 말았습니다. 누군가가 이 문제를 드러내었기 때문입니다. 저는 술을 먹고 안 먹고의 문제보다 그것을 드러내어 노회 문제로 삼아 노회가 발칵 뒤집어지게 했다는 것이 더 안타까웠습니다. 저는 임원 임기를 다 채우지도 못하고 노회 임원을 자진 사임했습니다.

그런데 제가 그 교회를 떠나 다른 교회로 임지를 옮길 때 제가 술을 마셔서 다른 곳으로 쫓겨 간다는 헛소문이 여러 교회에 떠돌았습니다. 그 헛소문을 듣게 되자 마음이 참으로 아팠습니다. 저는 신앙적인 관점보다도 어릴 때 아버지의 술 때문에 가정이 무너지는 것을 보았고, 그래서 어릴 때 "나는 평생 절대로 술을 입에도 대지 않겠다" 다짐했었고 그것을 지켜 왔었습니다. 그런데도 제가 술을 먹었다는 소문이 일파만파 퍼져나갔던 것입니다. 저에게 직접 사실 확인을 위해 물어오는 사람은 아무도 없었습니다.

과연 내가 가진 소문의 정보는 정확한 것인가요? 헛소문의 전달자가 되고 있는 것은 아닌가요? 몇 단계 거쳐서 다른 사람을 통해 들은 것은 아닌가요? 본인에게 확인을 해보신 내용입니까? 몇 사람에게 전달되면 그것이 공론화되어 가는 것이라 착각하지는 않으십니까?

"너는 거짓된 풍설을 퍼뜨리지 말며 악인과 연합하여 위증하는 증인이 되지 말며"(출 23:1).

사탄은 우리의 악한 본성을 이용하여 헛소문의 전달자나 조성자가 되게 만들기 때문에 들은 것은 들은 것으로 끝을 내어야 합니다. 헛소문의 전달자나 조성자가 되지 않도록 하기 위해서는 무엇보다 내가 그것을 듣는 마지막 사람이 되어야 합니다. 멈춤 버튼을 내가 눌러야 합니다.

헛소문의 전달자를 가까이하지 말라

그리고 무엇보다 헛된 소문을 퍼뜨리는 사람을 가까이하지 말아야 합니다. 성경에서도 그렇게 말씀하고 있습니다.

"두루 다니며 한담하는 자는 남의 비밀을 누설하나니 입술을 벌린 자를 사귀지 말지니라"(잠 20:19).

가랑비에 옷 젖는 줄 모릅니다. 빵집에 들어갔다 오면 내 몸에서 빵 냄새가 납니다. 향수 가게에 갔다 오면 내 몸에서 향수 냄새가 납니다. 그 냄새가 나도 모르는 사이에 내 몸에 배어 있기 때문입니다. 하나님을 가까이하면 하나님이 우리를 가까이해 주십니다. 모세가 하나님을 가까이하며 시내 산에서 금식하며 기도를 하자 얼굴에서 광채가 났다고 했습니다. 하나님의 은혜 받은 사람을 가까이하고, 성령 충만한 사람을 가까이하고 하나님 앞에서 바르게 살아보려고 노력하는 사람을 가까이해야 합니다. 기도하는 사람을 가까이해야 합니다. 그러면 나도 모르는 사이에 닮아가게 됩니다. 기도하는 사람이 되어가고 긍정적인 사람이 되어갑니다.

그리고 가장 중요한 것은 헛된 소문이 돌아다닐 때 "이 사람이 내게 이럴 수 있나" 하면서 내 마음에 미움을 심고, 분노의 포로가 되지 마시기 바랍니다. 그것은 바로 사탄이 그런 것들을 적절하게 이용해서 은혜받은 나를, 성령 충만한 나를, 믿음생활 시작하는 나를, 하나님 앞에 헌신하며 사는 나를, 물질로 헌신하고자 하는 나를 넘어뜨리려고 하기 때문입니다. 여기서 넘어지면 이 과정을 온전히 뛰어넘을 때까지 그런 과정은 계속해서 내게 일어나게 됩니다. 그래서 용서하고 사랑해야 합니다.

분노와 증오 대신 사랑을 선택하고, 하나님을 의지하며 사랑과 용서로 그것을 뛰어넘는 훈련을 하신다면 놀라운 영적인 성숙을 이루게 될 줄 믿습니다.

요셉의 형들은 열일곱 살의 요셉을 종으로 팔았습니다. 그 원통함을 생각하면, '당신들이 형이냐? 나를 어떻게 남의 나라에 팔아먹느냐?' 복수할 수도 있었습니다. 하지만 요셉은 용서로 풀었습니다. 풀어야 하는 사람이 풀면 풀려집니다. 피해 입은 사람이 풀면 풀려집니다. 그러면 하나님이 내 문제를 풀어 주십니다. 은혜받은 사람이, 성령을 충만하게 받은 사람이, 온유한 마음을 가진 사람이 긍휼을 베풀고, 사랑을 베풀고 희생하면서 나아갈 때에 우리 가정에 천국이 찾아오고, 우리 교회 안에 천국의 기쁨이 넘치게 될 줄 믿습니다.

"양의 큰 목자이신 우리 주 예수를 영원한 언약의 피로 죽은 자 가운데서 이끌어내신 평강의 하나님이 모든 선한 일에 너희를 온전하게 하사 자기 뜻을 행하게 하시고 그 앞에 즐거운 것을 예수 그리스도로 말미암아 우리 가운데서 이루시기를 원하노라 영광이 그에게 세세무궁토록 있을지어다 아멘"(히 13:20-21).

헛소문에 대한 회개기도

하나님 아버지!

사탄이 헛소문을 통해 나를 무너뜨리려고 하는 것을 알게 되었습니다. 하지만 때로 저도 본인에게 확인을 해보지 않은 상태에서 헛소문의 전달자가 되었던 적도 있었습니다. 회개하오니 용서하여 주시옵소서. 아울러 제가 헛소문의 대상자가 되었을 때 "나를 때리는 자들에게 내 등을 맡기며 나의 수염을 뽑는 자들에게 나의 뺨을 맡기며 수욕과 침 뱉음을 당하여도 내 얼굴을 가리지 아니하였느니라"(사 50:6)는 예수님처럼 하지 못하고 미워하고 증오했던 적도 있었음을 회개하오니 용서하여 주시옵소서.

이제 내 안에서 헛된 소문의 전달자가 되게 했던 악한 영은 내게서 떠나갈지어다. 헛소문의 대상이 되었을 때 그것을 내 안에 끌어들여 아파하며 미워하게 했던 사탄은 우리 주 예수님의 이름으로 명하노니 내게서 떠나갈지어다.

예수님의 이름으로 기도하옵나이다. 아멘.

오! 그리스도여! 나의 전부여!
(성 프란치스코)

황윤정 목사의 영성 시리즈 9
내 귀에 들린 대로 행하리라

1판 1쇄 인쇄 _ 2025년 4월 15일
1판 1쇄 발행 _ 2025년 4월 21일

지은이 _ 황윤정
펴낸이 _ 이형규
펴낸곳 _ 쿰란출판사

주소 _ 서울특별시 종로구 이화장길 6
편집부 _ 745-1007, 745-1301~2, 743-1300
영업부 _ 747-1004, FAX 745-8490
본사평생전화번호 _ 0502-756-1004
홈페이지 _ http://www.qumran.co.kr
E-mail _ qrbooks@daum.net / qrbooks@gmail.com
한글인터넷주소 _ 쿰란, 쿰란출판사
페이스북 _ www.facebook.com/qumranpeople
인스타그램 _ www.instagram.com/qrbooks
등록 _ 제1-670호(1988.2.27)
책임교열 _ 최찬미·최은샘

ⓒ 황윤정 2025 ISBN 979-11-94464-50-1   93230

책값은 뒤표지에 있습니다.
이 출판물은 저작권법에 의해 보호를 받는 저작물이므로 무단 복제할 수 없습니다.
파본(破本)은 구입처에서 교환해 드립니다.